大学 学科地图 丛书

经济学与管理学系列

A GUIDEBOOK FOR STUDENTS

旅游管理学
学科地图

李昕 著

北京大学出版社
PEKING UNIVERSITY PRESS

图书在版编目(CIP)数据

旅游管理学学科地图/李昕著. —北京:北京大学出版社,2019.11
(大学学科地图丛书)
ISBN 978-7-301-30912-4

Ⅰ. ①旅… Ⅱ. ①李… Ⅲ. ①旅游经济—经济管理—高等学校—教材 Ⅳ. ①F590

中国版本图书馆 CIP 数据核字(2019)第 236605 号

书　　　名	旅游管理学学科地图 LÜYOU GUANLIXUE XUEKE DITU
著作责任者	李　昕　著
责 任 编 辑	刘　军
标 准 书 号	ISBN 978-7-301-30912-4
出 版 发 行	北京大学出版社
地　　　址	北京市海淀区成府路 205 号　100871
网　　　址	http://www.pup.cn　新浪微博:@北京大学出版社
电 子 信 箱	zyl@pup.cn
电　　　话	邮购部 010-62752015　发行部 010-62750672　编辑部 010-62767346
印 　刷 　者	河北滦县鑫华书刊印刷厂
经 　销 　者	新华书店
	730 毫米×1020 毫米　16 开本　13 印张　200 千字 2019 年 11 月第 1 版　2019 年 11 月第 1 次印刷
定　　　价	45.00 元

未经许可,不得以任何方式复制或抄袭本书之部分或全部内容。
版权所有,侵权必究
举报电话: 010-62752024　电子信箱: fd@pup.pku.edu.cn
图书如有印装质量问题,请与出版部联系,电话: 010-62756370

大学学科地图丛书

丛书总策划　　周雁翎
社会科学策划　　刘　军
人文学科策划　　周志刚

大学学科地图丛书
编写说明

"大学学科地图丛书"是一套简明的学科指南。

这套丛书试图通过提炼各学科的研究对象、概念、范畴、基本问题、致思方式、知识结构、表述方式,阐述学科的历史发展脉络,描绘学科的整体面貌,展现学科的发展趋势及前沿,将学科经纬梳理清楚,为大学生、研究生和青年教师提供进入该学科的门径,训练其专业思维和批判性思维,培养学术兴趣,使其了解现代学术分科的意义和局限,养成整全的学术眼光。

"大学学科地图丛书"的作者不但熟谙教学,而且在各学科共同体内具有良好的声望,对学科历史具有宏观全面的视野,对学科本质具有深刻的把握,对学科内在逻辑具有良好的驾驭能力。他们以巨大的热情投入到书稿的写作中,对提纲反复斟酌,对书稿反复修改,力图使书稿既能清晰展现学科发展的历史脉络,又能准确体现学科发展前沿和未来趋势。

近年来,弱化教学的现象在我国大学不断蔓延。这种倾向不但背离了大学教育的根本使命,而且直接造成了大学教育质量的下滑。因此,当前对各学科进行系统梳理、反思和研究,不但十分必要,而且迫在眉睫。

希望这套丛书的出版能为大学生、研究生和青年教师提供初登"学科堂奥"的进学指南,能为进一步提高大学教育质量、推动现行学科体系的发展与完善尽一份心力。

北京大学出版社

前　言

从 20 世纪 40 年代末开始,大众旅游逐渐兴起,成为世人热衷的一种生活方式。在旅游产业快速发展、旅游目的地大规模开发的背景下,旅游管理学逐渐演变成为旅游研究领域中的一个重要学科。当然,与其他历史悠久的成熟学科相比,旅游管理学还处于不断发展、成熟和完善的阶段。

北京大学出版社组织编纂的"大学学科地图丛书"给作者提供了一个全面梳理旅游管理学发展脉络和知识体系的机会。作为旅游管理学学科指南,本书力图帮助读者掌握该学科的基本学术脉络,拓宽学术视野,使其能够跳出狭窄具体的"专业",从旅游管理学的角度来审视和研究人类社会旅游活动中的各种现象及规律,审视旅游管理学要面对和解决的基本问题,了解旅游管理学的主要理论观点、基本研究方法、学科前沿的发展方向、学科主要代表人物和重要学术文献等。

本书共分为九章。第一章是旅游管理学学科概述,介绍了旅游管理学学科的发展及演进过程;第二、三、四章概括介绍了旅游管理学的基本理论;第五章总结了旅游管理学的关键术语;第六章介绍了旅游管理学的主要研究方法;第七章介绍了旅游管理学学科前沿;第八章从学术界和产业界的角度介绍了旅游管理学的学科代表人物及对旅游管理学的发展产生积极影响的重大事件;第九章介绍了旅游管理学的经典文献和重要的学术组织。为了帮助读者更好地学习旅游管理学,掌握该领域的新近研究进展和动向,本书附录提供了旅游管理学领域主要英文版学术期刊的详细资料。

随着旅游管理学的不断发展和完善,一些新的内容和观点也会不断地充实到本学科领域,使旅游管理学的知识结构更趋合理和完善。本书基于旅游管理学的发展现状,力图对本学科的发展概况和知识结构进行系统的梳理。由于作者的水平所限,书中难免存在不足之处,请学界同人和广大读者提出宝贵意见,以便再版时进行修改和补充,使本书更趋完善。

本书主要由李昕撰写,其中第六章和第七章部分内容由博士研究生房厦撰写。北京大学出版社刘军编辑对本书的撰写工作提出了大量指导性、建设性的意见与建议,在此表示衷心的感谢。

李 昕

2019 年 8 月

目　　录

第一章　旅游管理学学科概述 ······················· 1
　第一节　旅游系统与旅游管理学 ····················· 3
　第二节　旅游管理学的研究对象与知识来源 ··············· 10
　第三节　旅游管理学研究和教学的起源与发展 ·············· 16
　第四节　旅游管理学学科发展轨迹 ···················· 18
　第五节　旅游管理系列理论平台的提出和发展 ·············· 24

第二章　旅游管理学基本理论（上） ·················· 29
　第一节　旅游生命周期理论 ······················· 31
　第二节　旅游推拉理论 ························· 34
　第三节　旅游需求与动机理论 ····················· 38
　第四节　旅游吸引物分类方法 ····················· 43
　第五节　旅游市场细分基础理论 ···················· 46
　第六节　旅游者心理分析理论 ····················· 52
　第七节　旅游体验理论 ························ 53

第三章　旅游管理学基本理论（中） ·················· 59
　第一节　旅游者凝视理论 ······················· 61
　第二节　旅游吸引物的真实性理论 ··················· 63
　第三节　旅游服务产品的质量管理 ··················· 65
　第四节　旅游的社会文化影响理论 ··················· 69
　第五节　旅游导致的社会文化商品化理论 ················ 72
　第六节　多克西的"激怒指数" ···················· 74
　第七节　旅游承载力理论 ······················· 76

第四章　旅游管理学基本理论(下) ················· 79
第一节　旅游目的地生命周期模式 ················· 81
第二节　可持续旅游理论 ····················· 85
第三节　游客管理相关理论 ···················· 88
第四节　生态旅游相关理论 ···················· 94
第五节　志愿者旅游理论 ····················· 100
第六节　休闲基础理论 ······················ 103
第七节　特殊事件与事件管理基础理论 ··············· 106

第五章　旅游管理学关键术语 ··················· 111

第六章　旅游管理学主要研究方法 ················· 123
第一节　旅游管理学研究的基本框架 ················ 125
第二节　旅游管理学研究的基本类型与方法 ············· 127
第三节　旅游管理学研究的数据来源和过程 ············· 131

第七章　旅游管理学学科前沿 ··················· 137
第一节　旅游资源的开发与旅游的可持续发展 ············ 139
第二节　旅游伦理 ························ 143
第三节　区域旅游合作 ······················ 144
第四节　小众旅游的发展与管理 ·················· 146

第八章　旅游管理学学科代表人物及重要事件 ············ 151
第一节　旅游管理学学科代表人物 ················· 153
第二节　旅游管理学学科重要事件 ················· 159

第九章　旅游管理学经典文献、重要期刊与学术组织 ········· 165
第一节　旅游管理学经典文献 ··················· 167
第二节　旅游管理学重要学术期刊与(学术)团体 ··········· 179

附录　世界主要旅游管理学学术期刊 ················ 185

参考文献 ···························· 189

第一章
旅游管理学学科概述

第一章 旅游管理学学科概述

旅游管理学是从管理学的视角研究人类社会旅游活动中各种现象及规律的学科,是随着现代社会尤其是第二次世界大战结束之后旅游活动与旅游产业的快速蓬勃发展,在自然科学与社会科学日益发展的基础上形成的新兴学科。旅游管理学是旅游研究领域中的重要学科,所涉及的知识领域涵盖旅游活动、旅游产业及旅游系统,研究范围既包括宏观的战略和规划,也包括微观的管理要素和各个利益相关体的具体行为。通过研究、学习旅游管理学,我们可以从学术和专业的角度分析影响旅游发展的因素,旅游体系内部各个利益相关体之间的关系,旅游活动和旅游产业对社会生活、旅游资源、自然环境以及社会发展的各个领域所产生的影响等。

第一节 旅游系统与旅游管理学

旅游是人类的一种行为,在英文中"travel"(旅行)和"tour"(旅游)常常互换使用,其广义的、非学术性的含义和我们在日常生活中使用的"旅游"一词的中文含义大体相同,即在整体上泛指人们的旅行、探亲访友、观光、游览、休闲消遣、享受大自然、度假等活动。联合国世界旅游组织(UNWTO)对旅游的定义摆脱了人们把"旅游"仅仅看成是"度假"的刻板印象。世界旅游组织对"旅游"的官方定义是:"旅游指人们出于休闲、商务及其他目的到其通常环境之外的地区旅行或逗留不超过连续一年的活动。"[1]这

---

[1] United Nations World Tourism Organization (1995). *Concepts, Definitions, and Classifications for Tourism Statistics*. Madrid, Spain: UNWTO.

个定义强调旅游活动发生在人们的通常环境（usual environment）之外，即发生在常住地之外的活动。

　　人类从事旅游活动的历史可以追溯到大约公元前3000年，但是直到20世纪中叶，大众旅游的兴起才使人们开始关注、重视和研究旅游现象、旅游的各种影响及如何对旅游进行管理。大众旅游指人们——尤其是劳动阶层、中产阶层——出于休闲的目的大规模地从事旅游休闲活动的行为。同时，科学技术的飞速发展，带来了人类文明的突飞猛进，生产力的高度发达和世界经济持续高速的发展使人们的物质和文化生活水平得到了前所未有的提高，越来越多的人认识到了旅行、度假、休闲及体验异域文化的重要性。人们更进一步认识到，通过旅游活动，旅游者花费的是金钱、时间和精力，得到的是宝贵的回忆、美妙的感受和丰富的阅历，当代人普遍把旅游活动当作现代社会的一种基本生活方式。旅游正从一种主要以休闲、娱乐或观光为中心的活动转变成一种高质量生活方式的体现，日益成为人们个人发展和生活方式形成的一种途径。在这一背景下，世界各国的旅游业都在经历着快速发展的阶段，对旅游活动、旅游产业和与旅游相关的要素进行科学管理的重要性日益凸显。这使社会产生了对旅游管理学、旅游教育和旅游研究的需求，而政府部门、企业、高校等机构的参与更促进了旅游管理学的发展与完善。因此，无论是从旅游研究、旅游教育的角度来看，还是从旅游管理者和旅游产业实践者的角度来看，旅游管理学都是一个重要的学习和研究领域。

　　如果把"旅游"（tourism）作为一门学问来研究，从旅游管理学的角度审视"旅游"，其涉及的范围就远远不只是狭义的"旅"和"游"的含义了。从旅游管理学研究的角度来看，"旅游"既涵盖"旅游科学"的概念，也包括旅游管理学的内容。利珀（Leiper）认为，"在当代世界中，旅游管理学研究涵盖了作为旅游者所涉及的一系列理论和各种各样的实践活动"。[①]旅游

[①] Leiper, N. (2004). *Tourism Management* (3rd ed.). Frenchs Forest, Australia: Pearson Education Australia, p. 44.

管理学既要研究广义的"旅游活动"中的内在矛盾和结构,也要研究旅游活动对外部产生的各种影响。旅游管理学的研究重视旅游活动中的各种内外关系和相互影响。因此,基于系统学的理论,旅游管理学既把旅游作为一个封闭的系统来研究,也将其作为一个开放的系统来研究,即旅游系统所包含的各个因素之间既存在内部的互动关系,也受外部环境因素的影响并与之互动。旅游系统理论主要包括三种主要观点:旅游利益相关体系统、整体旅游系统和市场导向的旅游系统。

一、旅游利益相关体系统

韦弗(Weaver)和劳顿(Lawton)从旅游管理学的角度,将"旅游"分割成多种相互关联和影响的"过程、活动和结果",而这些和旅游相关的"过程、活动和结果"的总和是由一个旅游利益相关体系统(Tourism Stakeholder System)中的各个因素共同作用而产生的(见图 1-1)。这个系统包括 8 个利益相关体(stakeholder):旅游者、目的地社区、目的地政府、旅游业、大学、社区学院、非政府组织及客源地政府。在这个系统中,各个利益相关体之间互相联系,相互影响,共同起作用。

基于这个由旅游利益相关体构成的系统,可以把"旅游"描述为"在吸引、运送、接待和管理旅游者及其他来访者的过程中,旅游者、旅游供给商、目的地政府、目的地社区、客源地政府及其周围环境通过相互联系和相互作用而产生的各种过程、活动和结果的总和"。[①]其中"周围环境"包括客源地政府、高等教育机构以及非政府组织,这些因素在这个旅游利益相关体系统中同样发挥着重要的作用。这个系统中任意两个利益相关体之间的关系都是双向的、相互影响和相互作用的。这个系统的另一个特点是包含了社区学院和综合性大学(即高等职业教育和高等学术研究教育),这充分体现了高等教育机构不但在职业技能培训方面起着重要的作用,而且在

---

① Goeldner, C., Ritchie, J. (2012). *Tourism: Principles, Practices, Philosophies* (12th ed.). Hoboken, NJ, USA: John Wiley & Sons, Inc., p. 4.

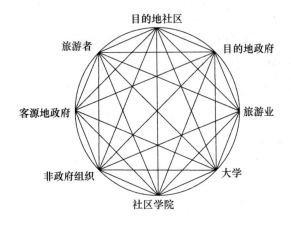

图 1-1　旅游利益相关体系统
资料来源：Weaver, D., Lawton, L. (2010). *Tourism Management* (4th ed.). Milton, Australia: John Wiley & Sons Australia, p. 2.

培养高层次人才、学术研究和理论创新方面也起着重要的作用。同时，这也体现了旅游管理学研究作为一个学科领域正在不断地发展和成熟。

二、整体旅游系统

盖茨（Getz）基于旅游规划的角度，于1986年首先提出了"整体旅游系统"（Whole Tourism System）这个概念，认为"整体旅游系统"在旅游规划中具有很大的实用价值。[1] 利珀在此基础上进一步把旅游现象放到一个整体的框架系统中，认为"整体旅游系统"内包含5个相互依存、相互影响和相互作用的核心要素（见图1-2）。

- 至少要有一个旅游者（人的要素）：旅游活动的最终目的就是为参与者提供美好的、值得回忆的体验。

- 至少要有一个旅游客源地（地理要素）：这个要素涉及旅游行程开始和结束的地方。旅游客源地就是旅游市场，在一定意义上，能够产生激发旅游欲望的推动力（push factor）。

---

[1] Getz, D. (1986). Models in Tourism Planning. *Tourism Management*, 7(1), 21-32.

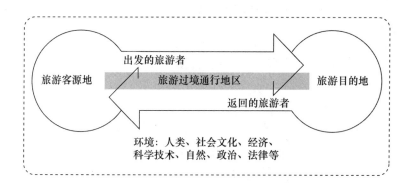

图 1-2　整体旅游系统

资料来源：Leiper, N. (2004). *Tourism Management* (3rd ed.). Frenchs Forest, Australia: Pearson Education Australia, p. 53.

- 至少要有一个旅游过境通行地区（地理要素）：这个要素涉及旅游者的主要旅行活动发生的地方。旅游过境通行地不但代表旅游者到达目的地之前的短暂旅行活动，还包括旅行途中可能访问的中途地点。

- 至少要有一个旅游目的地（地理要素）：这个要素涉及旅游者的主要访问活动发生的地方。旅游目的地可以感受到旅游所带来的全部影响，因此旅游规划和旅游管理的策略要在这里实施。旅游目的地也是旅游现象发生的前提，因为这里所提供的旅游吸引物在文化、历史以及自然风貌方面可能完全不同于旅游者所生存的日常环境。旅游目的地的拉力（pull factor）不但为整体旅游系统提供了活力，而且为旅游客源地创造了旅游需求。

- 旅游业（组织要素）：旅游业由提供旅游产品的各类旅游企业和旅游组织构成。这些部门在一定程度上共同努力，进行旅游市场营销，为旅游者提供旅游服务、产品和设施。旅游业的各个部门可能分布在整体旅游系统中的各个位置，例如客源地、目的地及过境通行地。

在上述5个因素的共同作用下，就会发生旅游现象，因此通过研究这5个因素本身的内涵，以及它们之间如何相互作用、如何与外部环境进行互动，人们就可以深入了解旅游的动态变化。整体旅游系统中的各个相互影响的因素也受到诸多外部环境因素的影响,而旅游现象发生的过程也会对外部环境产生影响。

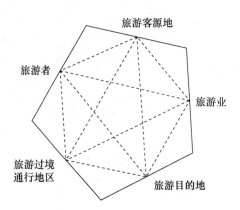

专业:系统学、社会学、心理学、地理学、
经济学、管理学、生态学等

图 1-3　旅游管理学研究的系统模式
资料来源:Leiper, N. (2004). *Tourism Management* (3rd ed.). Frenchs Forest, Australia: Pearson Education Australia, p. 54.

简而言之,这个系统模型既简单又实用,有助于人们深入了解旅游现象。整体旅游系统的主要特点是采用了跨学科(交叉学科)的方法来解释和研究旅游现象,而不只是基于某个单一的学科。这个系统展示了旅游研究的一个重要原则,即整体旅游系统中所有的旅游要素都是相互关联、相互影响、相互作用的(见图 1-3)。尽管在各种教科书中,在各种旅游课程中,在各种旅游研究项目中,对旅游的这些要素可能会单独进行解释、讲授和研究,但事实上,它们之间是相互关联、相互影响的。如果要研究其中的一个因素,一定要考虑这个因素与其他4个因素之间的相互关系与作用。因此,只有真正懂得了这些跨学科要素之间的关系,才能懂得什么是旅游管理,这也是旅游管理学的精髓所在。

三、市场导向的旅游系统

旅游者发生在"基本整体旅游系统"的地理范围内的旅行可以被划分

为 5 个阶段：

(1) 旅行决策和旅行预期；

(2) 到旅游目的地的旅行；

(3) 在旅游目的地的体验；

(4) 返程旅行；

(5) 回忆旅游体验。

在第一阶段，人们做出出访的决策，计划和思考拟访问的地点或者旅游吸引物；第二阶段是旅游者到旅游目的地的旅行；第三阶段是旅游者在旅游目的地的各种体验；第四阶段是旅游者返回常住地的旅行；在第五阶段，旅游者对整体旅游体验进行回忆和反思，这将对其未来的旅游决策产生重要的影响。

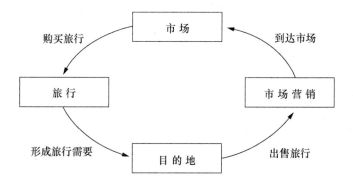

图 1-4　以市场为导向的旅游系统

资料来源：Hall，C. M. (2003). *Introduction to Tourism: Dimensions and Issues* (4th ed.). Frenchs Forest, Australia: Pearson Education Australia.

这个过程对如何进行旅游营销和更好地了解旅游者的行为有很深刻的启示意义。我们从商业和市场的角度，可以构建出一个以市场为导向的旅游系统（见图 1-4）。这个系统包括 4 个部分：市场、旅行、目的地和市场营销。这个系统中的第一个部分是市场，主要关注人们的旅游决策或者是否会成为旅游者。第二个部分是旅行，描述个体旅游者的旅游行为发生的地点、时间和方式。第三个部分是目的地的混合体，即旅游者在目的地使用的旅游吸引物和服务。第四个部分是旅游营销,强调营销在鼓励人们旅游方面的重要作用。

第二节　旅游管理学的研究对象与知识来源

一、旅游管理学的研究目标

旅游是一个复杂的现象。如前所述,旅游现象涉及发生在旅游系统中的各种因素相互作用而产生的各种过程、活动和结果的总和。旅游过程和结果的本质就是旅游者的体验和帮助旅游者获得这种体验的各种辅助手段,而旅游管理学所研究的对象也就是这些内容的具体体现。戈德纳(Goeldner)和里奇(Ritchie)归纳了旅游管理学所涉及的主要范围。[1]

1. 旅游者

旅游者是旅游现象的核心。旅游者访问一个旅游目的地就是要寻求各种精神上和身体上的体验和满足感。从旅游目的地的角度,为了给旅游者提供具有刺激性、高质量的体验,决策部门和管理部门一定要了解旅游者的旅游休闲动机、出游方式、旅游需求、选择目的地的决策过程等因素。只有这样才能够开发出与众不同、具有独特吸引力的旅游服务设施、旅游盛事和各种旅游活动。

2. 社区

社区既包括客源地社区(origin community),也包括目的地(东道地)社区(host community)。针对客源地社区的旅游管理和研究的焦点主要涉及市场细分、市场营销、市场开发、旅游对客源地的社会文化影响等领域;针对目的地社区的管理和研究的焦点主要涉及历史文化旅游开发、旅游对目的地的社会文化影响、目的地居民对大规模的旅游活动及外来旅游者的态度等。

---

[1] Goeldner, C., Ritchie, J. (2012). *Tourism: Principles, Practices, Philosophies* (12th ed.). Hoboken, NJ, USA: John Wiley & Sons, Inc, pp. 9-15.

3. 自然资源和环境

自然资源和环境是旅游现象发生的一个基本要素,任何一个具有特色的旅游目的地几乎都有赖于其独特的自然风貌和气候特征。从可持续发展的角度,对自然资源和环境的可持续性开发和管理是旅游管理学的一个重要课题。

4. 人造环境

顾名思义,人造环境就是由人类所创造的环境。人造环境可以进一步分为基础设施(infrastructure)和上层设施(superstructure)。基础设施指满足当地居民基本生活需要的设施,包括供水系统、污水处理系统、燃气管道、供电线路、排水系统、道路、通讯网络以及商业设施等。虽然基础设施对来访旅游者十分重要,但是其基本功能是满足当地居民的日常生活需要。而上层设施的建设则主要针对外来旅游者的需要,主要包括支持外来游客进行旅游活动的一些设施,如酒店、餐馆、会议中心、汽车租赁设施、娱乐设施以及大型购物中心等。

5. 旅游经营部门

旅游经营部门是为旅游者提供旅游体验的部门,其任务是以殷勤的待客精神开发和提供能够满足旅游者需求的高质量的、令游客回味无穷的旅游服务和旅游体验产品。旅游经营部门主要包括以下几个部门。[①]

• 交通运输部门

交通运输部门是旅游业不可分割的一个部分,也是旅游业的生命线,为旅游者提供了必要的出行保证。如果没有交通工具,人们进入旅游目的地将会受到很大的限制,其旅游活动也必然会有很大的局限性。同时旅游交通服务本身也是旅游者旅游体验的重要组成部分。交通运输部门通常包括:航空交通、公路交通、铁路交通、水路交通、城市公共交通等。

---

① 李昕. 旅游管理学(第三版). 北京:中国旅游出版社,2012,54-88.

- 住宿部门

住宿部门是旅游上层设施的重要组成部分。如果没有住宿部门，旅游者则无法访问旅游目的地，也无法在度假地体验度假经历。住宿接待部门是劳动密集型产业，旅游者在住宿过程中的各种消费为从事餐饮生产和销售的企业提供了商业机会，由此也为当地创造了间接的收益。住宿企业需要支付昂贵的固定资产购置费用，因此这个行业也是旅游业内资本密集程度最高的部门之一。在旅游者的总体旅游消费中，住宿支出也占很大比例，通常占全部旅游支出的33%左右。[1]

- 餐饮部门

虽然光顾餐馆和其他餐饮食品供应企业的顾客实际上主要来自当地，但是这些企业通常都被认为是旅游业中的服务部分。其主要原因是，很多旅游者都把品尝异邦或异域的风味饮食当作旅游体验的重要组成部分，并不是仅仅将其当作果腹的手段。有学者统计，旅游者购买餐饮食品的花费是除旅游交通费用之外的最大一笔开支，餐饮服务业四分之一的销售额来自国内外旅游者。[2]

- 旅游吸引物

旅游吸引物是源自旅游目的地的一个重要拉力，是诱发人们发起旅游活动的主要原因。如果没有旅游吸引物将旅游者吸引到旅游目的地，就不存在旅游者对交通、住宿、餐饮、旅行代理等服务的需求。为了最大限度地发挥一个目的地的旅游潜力，从管理、经营、资源保护等角度，要对旅游吸引物进行分类，并依据其不同的属性定期对其进行评估，为旅游管理和决策部门的规划和决策提供恰当的依据。

- 旅行代理商和旅游经营商

旅行代理商（travel agency）和旅游经营商（tour operator）都是旅游中介

---

[1] Cooper, C., Fletcher, J., Fyall, A., Gilbert, D., Wanhill, S. (2008). Tourism: Principles and Practice (4th ed.). Harlow, Essex, England: Pearson Education Limited, p. 344.

[2] Goeldner, C., Ritchie, J. (2012). Tourism: Principles, Practices, Philosophies (12th ed.). Hoboken, NJ, USA: John Wiley & Sons, Inc., p. 137.

机构。旅行代理商通常扮演零售商的角色,而旅游经营商则扮演批发商的角色。旅游中介机构将旅游系统中的各种旅游要素(例如交通、住宿、餐饮、旅游吸引物及其他附加服务等)有机地组合成各种规格的旅游产品,并且进行销售。旅游中介机构所扮演的关键角色是在各种旅游体验(旅游产品)供应商与旅游者之间搭建桥梁。旅游管理学在旅游中介领域中主要关注旅游产品的分销体系,而随着互联网技术的进步和电子商务的兴起,传统的旅游中介机构和旅游产品的分销系统也面临着巨大的挑战。

- 旅游商品生产商与供应商

旅游商品指那些针对旅游者、作为预期的旅游经历或者实际的旅游经历的一部分而在旅游客源地或在旅游目的地销售的商品。旅游者购买这些旅游商品的活动是旅游供给的一个重要因素,因此,旅游购物活动、旅游商品的生产及旅游商品的供应成为旅游业中的重要组成部分。按照旅游者获取旅游相关商品的地点,可以将旅游相关商品划分成两大类别:在旅游客源地购买的商品和在旅游目的地购买的商品。旅游者在旅游客源地购买的旅游相关商品通常包括旅游过程中及基于旅游目的地特殊条件所需的物品。旅游者在旅游目的地购买的旅游相关商品通常包括各种旅游纪念品和免税商品。

6. 节庆盛事

节庆盛事在旅游管理领域特指人为策划的事件活动(schemed event),也称为节庆活动与特殊事件(Festival and Special Event,FSE)。节庆盛事也是旅游业的一个重要组成部分。举办节庆盛事也在很多方面对目的地产生巨大的影响,这些影响涉及文化、经济、环境及政治等方面。因此,很多旅游目的地的政府支持和推动举办这类活动,不仅仅是简单地作为在旅游淡季吸引游客的手段,在很大程度上也是把举办节庆盛事活动作为促进目的地经济发展、进行目的地营销和提高目的地知名度、树立旅游目的地良好旅游形象的整体策略的一部分。随着节庆盛事和事件旅游活动在旅游系统中发挥日益重要的作用,事件管理(event management)也越来越引起业界人士和学术界的重视,因此事件管理已经发展成为旅游管理学领域的一个重要的分支。

7. 对客服务

对客服务的精髓是"殷勤的待客精神"(spirit of hospitality)。旅游者希望在热情好客的环境中获得高质量的、令人难忘的旅游体验,而不希望自己被接待方仅仅当作一种无感情的现金收入的来源。旅游业通常被认为是一种"服务"产业,而服务产品与其他产品相比,具有明显的特殊性。与其他服务产品一样,旅游服务产品也具有4个关键特征:无形性、不可分割性、变化性和不可贮存性。由于旅游服务产品具有这些特性,对旅游服务产品进行质量管理也面临着一些困难。旅游消费者通常都希望在旅游过程中体验到与他人不同的旅游休闲经历,为了迎合和满足旅游者的要求,旅游服务企业就必须为其量身定做不同的旅游产品,这也使得旅游服务产品的质量标准变得更加复杂。在旅游服务行业中,质量并不是一个简单的客观事实,而是消费者心中的主观感觉。简而言之,旅游服务质量就是接受服务的旅游者的主观看法。

8. 旅游决策、管理和规划部门

这些部门也是决定旅游目的地能否成功的重要因素。旅游政策的制定者和旅游管理部门既要确保旅游目的地能够为旅游者提供最符合其需要的旅游体验产品,也要考虑本地资源的局限性,以可持续发展的方式开发和利用旅游资源。旅游决策、管理和规划部门主要涉及公共机构和非公共机构:公共机构主要指政府部门,包括政府的旅游决策部门及管理部门,通常为各级政府的旅游局及代表政府的目的地营销组织(Destination Marketing Organization, DMO)和目的地管理组织(Destination Management Organization, DMO);非公共机构主要指全国性或地方性旅游协会以及旅游策划公司。旅游目的地的规划和开发是各个方面合作和整合的产物,因此旅游政策、旅游规划及旅游开发工作必须要放到联合、合作和协作的框架内进行,否则,会导致制订的旅游战略规划和开发计划由于出现冲突、矛盾和脱节现象,而无法顺利执行。

二、旅游管理学的知识来源

利珀归纳总结了旅游管理学4个方面的知识来源:非专业人员的知识;旅游企业的工作经验;职业培训;大学的正规旅游课程教育。[①]

1. 非专业人员的知识

非专业人员(或者称为外行人)的知识指那些没有经过正规的旅游专业课程学习而获得的与旅游相关的知识。这种知识可以来自学校、书籍、个人的旅游体验、亲朋好友、与旅游相关的工作岗位的观察,也可能来自大众传媒。

这种知识具有3个主要特性:首先,这种知识是人们在做其他工作时偶然获得的,因为人们通常不会为了获得旅游知识而专门外出旅游;其次,这种知识是个体独立获得的,与在大学里集体学习不同;最后,这种知识大部分是受到大众传媒的影响而形成的。因此,这种知识通常是各种真理的混合体或者半真半假,也可能失真或者错误,同时也可能不完整、具有太大的主观色彩、零乱无序、缺乏系统性、具有不确定性。

2. 旅游企业的工作经验

很多在旅游业部门工作的人都有机会直接接触旅游活动,因此这些人可以通过自己的工作实践学到一些与旅游相关的知识。由于这类工作大部分只能接触到整体旅游系统中很少的一部分内容,因此人们不可能通过这种途径获得有一定深度和广度的旅游及旅游管理知识。有证据显示,在提供旅游服务的机构或组织中工作的经历并不一定能使人获得更多的旅游知识或者更深入地了解旅游管理的机理。

3. 职业培训

旅游职业培训课程的设计旨在针对某个具体的工作岗位,讲授与旅游

[①] Leiper, N. (2004). *Tourism Management* (3rd ed.). Frenchs Forest, Australia: Pearson Education Australia, pp. 21-23.

相关的知识、技能和对工作及消费者的态度。职业培训是实用性很强的工作,一定要针对具体的工作岗位、工作部门或者工作环境,因此也无法使人们获得有一定深度和广度的旅游知识。

4. 大学的正规旅游课程教育

大学开设的正规旅游课程教育可以克服其他来源所固有的缺陷。人们在大学开设的课程中学习到的旅游知识不但具有客观性,而且还具有公正性,即在课程的教学过程中,教师和学生的主要任务既不是宣传鼓动旅游,也不是批判旅游,而仅仅是要学习和了解旅游的机理。为了更好地学习旅游,课程内容应该得到旅游研究的证实,因此知识的确定性和可信度可以得到保障,这样就很少会出现错误信息或半真半假的信息。所有学生在修读课程中获得的知识都是相似的,这有助于形成独特的专业领域,也保证了知识的系统性。

第三节 旅游管理学研究和教学的起源与发展

与管理学科领域中其他分支学科一样,旅游管理学也是随着旅游活动的不断扩展、旅游产业的不断发展壮大、各种旅游目的地的大规模开发以及旅游活动对外部环境的各种影响力度的不断加大,经历了从初创、发展到基本成熟的演化过程。旅游管理学在发展过程中经历的具有里程碑意义的进展包括:同行评审学术期刊的相继问世;学科方法的演进;四个旅游管理理论平台(理论观)的诞生。

人们对旅游和旅游管理学的研究最早始于 20 世纪初叶,而旅游研究的深入发展也为世界各地高校相继开设的各种旅游和旅游管理学课程提供了丰富的理论和实践内容。据文献记载,最早的旅游研究始于 1910 年左右。[①]当时两名经济学家,皮卡德(Picard)和舒尔兰德(Schullard)发现了

---

① Wahab, S. (1971). Introduction to Tourism Theory. *Travel Research Journal*, 1, 17-30.

一个很有趣的现象:来自德国和英国的游客在奥地利和瑞士旅游过程中所发生的旅游消费对奥地利和瑞士的国民经济产生了影响。这项研究被认为是最早的旅游经济影响研究,由此激发了后来的学者从事这方面的研究。

20 世纪 30 年代,瑞士出现了一个由来自不同学科领域的学者组成的研究团队,共同研究旅游和旅游管理的机理。① 这个团队首次采用了多学科的方法研究旅游现象和旅游管理:社会学家从社会的角度研究旅游的影响,人类学家从文化的角度观察旅游现象,经济学家从经济的角度探讨旅游的规律,等等。尽管来自不同学科领域的学者所研究的只是旅游的不同侧面,但是将其研究成果综合在一起,就可以构成比较完整的画面,因此这也是了解整体旅游现象和旅游管理的一种重要方法。

1962 年,旅游管理学科领域第一种同行评审学术期刊(refereed academic journal)《旅行研究》(*Journal of Travel Research*)在美国科罗拉多大学波德分校问世。这是旅游管理学开始走向成熟并确立学术地位的标志。因为在同行评审学术期刊上刊登的文章必须要经过同行专家严格的双盲评审(double-blinded peer review),评审合格之后才能发表,所以这类学术刊物被认为能够展示一个学科或一个领域最新的、前沿的研究成果,具有学术同行认可的学术地位。《旅行研究》与后来相继问世的《旅游研究纪事》(*Annals of Tourism Research*)、《旅游管理》(*Tourism Management*)成为旅游管理学研究领域三种最具影响力的同行评审学术期刊。

与此同时,以美国密歇根州立大学为代表,很多美国大学相继设置了旅游系或旅游专业,正式开始从学术角度系统地讲授旅游管理学。美国学者罗伯特·麦金托什(Robert McIntosh)于 1972 年出版了美国第一部供大学使用的旅游学科教科书《旅游原理、实践与哲学》(*Tourism:Principles,Practices and Philosophies*)(上海文化出版社 1985 年出版了该书中译本,

---

① Leiper, N. (2004). *Tourism Management* (3rd ed.). Frenchs Forest, Australia: Pearson Education Australia, p. 20.

书名译为《旅游学:要素、实践、基本原理》)。这部里程碑式的著作在旅游管理学科领域产生了极其深远的影响。在其后的四十多年里,麦金托什与戈德纳(Charles R. Goeldner)、里奇(J. R. Brent Ritchie)两位学者对该书不断地进行修订、更新和补充,并不断推出新版本。[①]

从 20 世纪 80 年代开始,在世界范围内,旅游管理学已经成为高等教育领域中一个重要的专业领域。旅游管理不但涵盖高等职业教育层次的专业,也包括本科、硕士和博士层次的教育和研究。中国的高校也从 20 世纪 90 年代开始陆续设置旅游学院、旅游系或旅游相关专业,开设从专科到博士等各个层次的旅游课程。

第四节 旅游管理学学科发展轨迹

国内外学者现在普遍倾向于认为旅游是一门复合型的学科,既具有多学科性,也具有跨学科性。从多学科性(采用多学科的方法)向跨学科性(采用跨学科的方法)发展,并逐渐形成和完善本学科所具有的独特理论(固有理论)是旅游管理学学科发展的主要趋势和方向。概括而言,旅游管理学的学科发展轨迹基本上包括三个主要阶段:(1)采用多学科方法的阶段;(2)采用跨学科方法的阶段;(3)形成本学科的固有理论的阶段。

一、多学科方法阶段

多学科方法(multidisciplinary approach)指一个学科领域吸收来自多个不同学科领域的观点和方法,但是这些来自不同学科的观点和方法相互之间并无关联,也没有有机地整合在一起。采用这种方法意味着,各个不同学科从其本身的学科立场或视角出发来审视和研究旅游和旅游管理现象,

---

[①] 罗伯特·麦金托什(1917—2013)是美国密歇根州立大学教授,创立了美国大学中第一个旅游系,并于 1972 年出版了深具影响力的学术著作《旅游原理、实践与哲学》,该书从第 9 版(2002 年)开始由戈德纳和里奇两位学者署名。

而不是从一个被学术界普遍认同的旅游视角来审视和研究旅游活动。旅游管理学发展的初级阶段通常采用这种方法,例如:人类学家采用人类学的研究方法研究旅游文化和历史传统;心理学家采用心理学的方法研究人们形形色色的旅游动机和行为,以促进旅游产品的市场推广和营销;地理学家关注旅游者的空间活动和地理环境、气候及地貌景观等因素与旅游活动的关系,采用地理学的方法对旅游进行研究;社会学家把旅游现象当作一种社会活动,采用社会学的研究方法分析个体和群体的旅游活动对社会的影响;管理学家采用管理学的方法对旅游企业的诸多问题进行分析和研究,以保证旅游企业有效运营和健康发展;经济学家采用经济学的方法,把旅游作为经济现象,来分析旅游现象和过程对一个地区或国家乃至世界的经济发展所产生的积极和消极影响,以帮助决策者制定正确的旅游政策,促进旅游目的地的经济发展。

由于多学科方法涉及来自不同学科领域的学者的努力,其研究成果对旅游领域的知识增进做出了很大贡献,但是多学科方法的分散性也在一定程度上抑制了旅游管理学学科固有理论的形成和发展。

旅游管理学研究的多学科关系可以用简图表示(见图1-5)。这些相关学科与旅游管理研究的主要关联如下。

• **经济学** 从经济的视角解释旅游活动,主要研究旅游对经济的影响及旅游对经济发展产生的各种动力。

• **地理学** 从自然地理、经济地理和人文地理的视角研究地理环境、气候及地貌景观等因素与旅游活动的空间关系、旅游区域划分、旅游资源的分布及分类。

• **历史学** 研究旅游现象与旅游活动的演变及发展史,从历史学的视角研究和解释旅游吸引物的含义。

• **法学** 重视旅游相关法律的制定,研究旅游者、旅游从业者和旅游企业应该遵循的法律框架,解读众多与旅游活动相关的法律现象。

• **环境科学** 研究旅游对自然环境的影响及旅游的可持续发展。

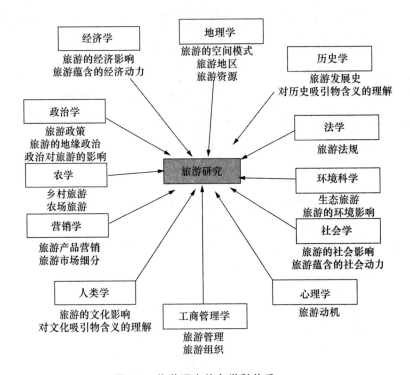

图 1-5 旅游研究的多学科关系

资料来源：Weaver, D., Lawton, L. (2010). *Tourism Management* (4th ed.). Milton, Australia: John Wiley & Sons Australia, p. 13.

- **社会学** 用社会学的理论框架分析和研究人们的旅游休闲活动及旅游现象对社会发展产生的各种动力和影响。

- **心理学** 依据心理学的基本原理分析和解释旅游者的决策过程、旅游服务人员的服务心理以及旅游企业的管理心理，其重点是研究人们的旅游休闲动机和需要。

- **工商管理学** 研究旅游企业的管理及各种类型的旅游组织的活动和行为。

- **人类学** 研究旅游者和旅游目的地居民之间的关系和旅游活动对旅游目的地的文化影响，并从人类学的视角研究和解释人文旅游吸引物的含义。

- **营销学** 研究旅游产品的市场推广、营销及旅游市场细分。
- **农学** 研究乡村旅游和农场旅游对乡村多样化及乡村建设的影响。
- **政治学** 研究旅游政策的制定、旅游的地缘政治、旅游对政治的影响及政治对旅游的影响。
- **生态学** 研究旅游对自然环境的影响。
- **教育学** 研究旅游课程的设计及开发。

二、跨学科方法阶段

跨学科方法(interdisciplinary approach)也称为交叉学科方法,指将来自多个不同学科领域的观点和方法有机地结合并整合到一起,从而形成单独的、不同于其他学科的全新"旅游管理学"学科的视角或方法。跨学科方法的运用推动了旅游管理学学科的产生。采用跨学科的方法分析和研究旅游和旅游管理现象是具有科学基础的,因为旅游实际上已经涵盖了我们社会生活的各个方面。采用跨学科的方法可以将各个学科的不同方法整合为一体,形成综合的方法,既利于研究旅游管理的微观问题,也利于研究旅游管理的宏观问题。

从微观的角度,可以分析和研究旅游企业的竞争环境、旅游客源市场、运营效果、与其他机构的联系、旅游消费者、企业与其消费者之间的互动关系等。从宏观的角度,可以分析和研究一个国家或地区的整个旅游系统及其运作模式,包括其政治、法律、经济及社会结构及对旅游现象的影响,还可以分析和研究整体旅游需求和供给关系及如何保证旅游供给和需求的平衡。

高等学校在旅游学科课程的设置上既体现出多学科性,也体现出很强的跨学科性。中国高等学校在旅游学科课程上主要体现了其跨学科性,基本上都单独设置旅游学院、旅游系或旅游专业。国外很多高等学校设有专门的旅游系或旅游学院,开设旅游专业的课程,但是也有相当一部分旅游课程并不是在专门的旅游学院或旅游系中开设,而是设置在一些非旅游学院、非旅游系或非旅游专业中(见图1-6)。

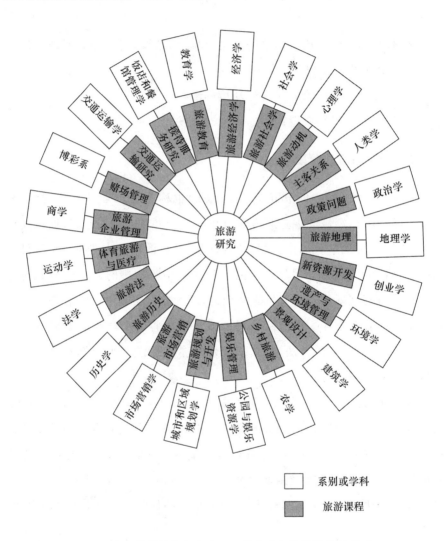

图1-6 高等学校中各个院(系)及专业与旅游课程的关系

资料来源:Goeldner, C., Ritchie, J. (2012). *Tourism: Principles, Practices, Philosophies* (12th ed.). Hoboken, NJ, USA: John Wiley & Sons, Inc., p.18.

三、形成旅游管理学固有理论的阶段

一个研究领域发展成为一门学科的重要标志是拥有本学科的固有理论(indigenous theory)和方法论(methodology)。固有理论指那些产生于本学科领域之内并有别于其他学科的理论。本学科的固有理论对学科的发展至关重要,因为这些理论有助于人们对本学科领域中出现的多种多样的现象和过程进行连贯、统一并留有一定余地的解释,如果没有这些理论的指导,人们看到的可能只是相互分离、毫不相关的现象和过程。简而言之,一个学科领域中的固有理论是帮助人们了解和组织本学科领域所研究的现象的基础,对增进本学科领域的知识非常重要。在高等教育层次,在某一学科领域中无论是从事学习还是进行研究都必须首先掌握本学科领域中的固有理论及研究方法。

与其他具有深厚学术传统的成熟学科相比,旅游管理学不论是作为一个学科还是作为一个研究领域都是新兴的。这门学科的知识体系还有待进一步发展和完善,因此在一定程度上还缺少本学科所固有的旅游理论。在高等教育领域专门设置独立的旅游学院、旅游系及旅游专业之前,旅游研究者都分散在各个不同的传统学科领域中,主要是社会科学领域,例如地理学、人类学、经济学、社会学等。20世纪60年代以后在旅游管理领域中出现的同行评审学术期刊在很大程度上促进了旅游管理学固有理论的形成和发展。

如上所述,跨学科方法具有整合不同学科的方法的优点,因此这样的动态性活力更有助于产生固有理论及其方法论,最终形成一个具有本身固有理论的独立学科体系。旅游管理学也正是沿着从多学科性逐步走向跨学科性并最终形成和完善本学科的固有理论这样的方向发展。图1-7展示了旅游管理学从多学科性(采用多学科方法)发展到跨学科性(采用跨学科方法)并最终形成一个独立学科(具有自己的固有理论)的基本过程。

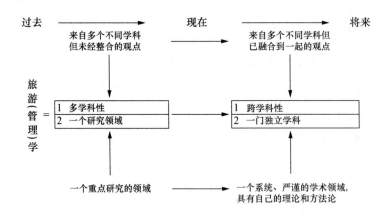

图 1-7　旅游研究从多学科向跨学科发展的基本过程
资料来源：Weaver, D., Lawton, L.(2010). *Tourism Management* (4th ed.). Milton, Australia: John Wiley & Sons Australia, p. 7.

第五节　旅游管理系列理论平台的提出和发展

基于旅游管理学固有理论的逐步发展、成熟和完善，贾法·贾法利(Jarfar Jafari)把旅游管理学理论的演变和发展划分为四个阶段，并将其称为旅游管理的四个理论平台(tourism platform)，也称为旅游管理的四个理论视角或理论观(tourism perspective)，即站在不同的平台(platform)或从不同的视角(perspective)来观察旅游会得出不同的管理结论。这四个旅游管理的理论平台或者理论观是：拥护提倡型理论平台(advocacy platform/perspective)；小心谨慎型理论平台(cautionary platform/perspective)；改变适应型理论平台(adaptancy platform/perspective)；以知识为基础的理论平台(knowledge-based platform/perspective)。[①] 这四个旅游理论平台或旅游理论观的基本观点如下。

[①] Jafari, J. (1989). Sociocultural dimensions of tourism: An English language literature review. In J. Bystrzanowski (ed.) *Tourism as a Factor of Change: A Sociocultural Study* (pp. 17-60). Vienna: Vienna Center.

1. 拥护提倡型理论平台

这个理论平台最初出现在20世纪50年代和60年代,认为旅游是促进国内和国际经济发展的积极因素,例如增加收入、创造就业机会及乘数效应等因素都会对经济的发展产生积极的影响。拥护提倡型理论观也被称为"旅游鼓吹主义或推动主义"(tourism boosterism)。这种理论认为,旅游是一种广泛的理想活动,不会产生负面影响,即使有一些负面影响,也只是对旅游目的地产生很小的负面影响,不会影响大局,因此,各国政府和各个社区都应该尽最大努力吸引和促进旅游活动,最大限度地为旅游活动创造一个自由市场的环境。这种旅游理论观认为,旅游天生就是一种促进社会发展的积极力量,所以不应该对其进行管理和控制,应该顺其自然,任其自由发展。政府部门的作用只是通过制定有利于旅游发展的法律和法规,推动旅游的发展。这种理论观不考虑旅游潜在的消极作用和负面影响,认为旅游和环境保护是两个完全不同的问题和概念,应该分别讨论、分别对待和分别处理,两者不应该混为一谈。

2. 小心谨慎型理论平台

这个理论平台产生于20世纪60年代末期。旅游活动的快速发展,尤其是大众旅游的发展,使人们逐渐认识到:发展旅游带来的并不完全是利益,旅游活动所造成的社会文化代价甚至经济代价是很沉重的;旅游与社会物理环境和社会人文环境之间存在越来越严重的冲突;自由放任的旅游发展所带来的负面影响不断被现实所证实。这种旅游理论观认为,不受控制的旅游开发最终会给旅游目的地造成无法承受的环境、经济及社会文化代价。同时,旅游活动不断向新的旅游环境迅速扩张,尤其是向发展中国家和不发达国家迅速扩张,也给这些地区造成了严重的负面影响。因此,旅游研究学术界不得不重新思考毫无控制、放任自流的"大众旅游"的逻辑是否可行。基于这种认识,旅游管理学术界产生了新的旅游理论观——小心谨慎型旅游理论观。这种理论观认为,旅游活动天生就是一种破坏性力量,因此应该对其进行严格的管理和控制,或者应该完全避免旅游活动。

除非进行认真、谨慎、严格的规划和控制,否则旅游活动最终一定会给旅游目的地带来多种不良后果。与拥护提倡型旅游理论观相反,小心谨慎型旅游理论观的基本特点是要对旅游活动进行严格的强化性管理和控制。

3. 改变适应型理论平台

小心谨慎型旅游理论观揭示了伴随旅游发展而出现的很多消极因素和影响,因此从20世纪80年代初开始,人们极力寻找有利于目的地社区发展的旅游活动模式,改变适应型理论平台应运而生。改变适应型理论平台认为,小心谨慎型理论平台指出了旅游活动造成的一些潜在消极影响,但是却没有明确提出解决这些问题的有效手段。为此,改变适应型理论平台倡导与大众旅游相反的、严格管理的小规模替代性旅游(alternative tourism)模式,用各种替代性旅游代替那些对欠发达地区产生危害的大众旅游。这种理论平台基于可持续发展的理论倡导旅游的可持续性,强调人与自然环境的协调发展,提倡发展适应环境资源的小规模旅游活动,反对大众旅游时代的那种福特主义模式的大规模、标准化旅游产品。聚集在替代性旅游的旗帜下的各种旅游方式包括:农业旅游(agritourism)、文化旅游(cultural tourism)、乡村旅游(rural tourism)、小规模旅游(small-scale tourism)、生态旅游(ecotourism)、可持续旅游(sustainable tourism)、软旅游(soft tourism)、与环境资源相适应的旅游(appropriate tourism)、绿色旅游(green tourism)及负责任旅游(responsible tourism),等等。

4. 以知识为基础的理论平台

从20世纪80年代末90年代初开始,旅游管理学研究进入了以知识为基础的理论平台阶段。产生这个旅游理论平台的部分原因是,改变适应型理论平台倡导的替代性旅游模式对一些以大众旅游为主导的旅游目的地既不实际,也不适宜。替代性旅游模式充其量只是一种广义上的部分解决方案。人们越来越清醒地认识到,任何旅游模式都会对目的地造成积极和消极的双重影响,因此观念上极化的拥护提倡型理论平台、小心谨慎型理论平台和改变适应型理论平台对日益复杂的全球旅游活动的看法都具有局限性。人们需要的是采用系统、全面、科学的方法,通过实证研究的方式获取所需要的知识。因此,以知识为基础的理论平台把知识放在首位,重视旅游理论研究的作用,尤其重视通过采用客观、严谨的科学研究方法来发现和产生新知识,以指导旅游目的地的决策者采用恰当的旅游发展模式。这种旅游理论观认为,在一定程度上,高校的主要作用是发现知识和传授知识,而不是简单地用实践来检验理论的正确与否;旅游管理决策的制定不应该受政治的影响和干扰,也不应该凭感情用事,决策的依据应该是通过科学的研究方法获得的研究成果,即知识。

这种理论平台近年来在旅游管理学研究方面起着主导作用,促进了旅游研究、旅游理论的创新和旅游管理学的发展。其中最显著的一个结果是推动旅游研究学术领域产生了大量英文版同行评审学术期刊。从1962年诞生旅游研究领域中第一种同行评审学术期刊《旅行研究》到1980年,旅游研究领域只有5种类似的期刊:《旅行研究》(1962)、《旅游研究纪事》(1973)、《旅游消遣研究》(1976)、《款待与旅游研究》(1976)、《旅游管理》(1980)。而据不完全统计,从20世纪80年代末到2009年,先后有46种英文版同行评审学术期刊问世。利珀1995年出版的《旅游管理》则是基于以知识为基础的理论平台而编写的具有代表性的理论著作。

虽然旅游管理学理论的发展可以分为上述四个阶段(四个理论平台或理论观),但是事实上,当一种新的旅游理论平台或旅游理论观问世时,前一种或前几种旅游理论平台或旅游理论观并没有消失,而是与新出现的旅游理论平台或旅游理论观同时存在,同时起作用。因此,即使在今天,上述任意一种旅游理论平台或旅游理论观都能找到其拥护者和市场。人们逐渐发现这四个旅游理论平台的演变发展过程也是人们对旅游管理学规律的认识逐渐加深的过程。而每一种新旅游理论平台或旅游理论观的诞生都向旅游理论的研究者、旅游理论的学习者、旅游业界的专业人士和政府决策部门展示了观察旅游的新视角和认识旅游的新平台、新观念,有助于人们更深刻地认识旅游的内在规律和旅游与人类社会活动及社会发展的相互关系。

第二章
旅游管理学基本理论（上）

第二章 旅游管理学基本理论(上)

旅游管理学是在管理学的视角之下研究人类社会旅游活动中各种现象及规律的学科,因此管理学理论是旅游管理学的重要基础。本书对管理学的基础理论不进行重复性描述,将侧重点放到旅游管理学领域。如前所述,旅游管理学学科的发展轨迹包括三个主要阶段,即从多学科性(采用多学科的方法)向跨学科性(采用跨学科的方法)发展,并逐渐形成、逐步完善本学科所拥有的固有理论。因此,作为一门新兴的学科,旅游管理学本身所拥有的不同于其他学科的独立理论(即该学科的固有理论)奠定了该学科的理论基础,而这些理论的形成和发展也是旅游管理学作为一门学科逐步走向成熟的表现。当然,与其他具有悠久历史和深厚学术传统的成熟学科相比,旅游管理学还不够成熟,其学科知识体系还有待进一步拓展和完善。本章介绍旅游管理学自诞生以来逐渐形成的独立于其他学科的主要理论观点和理论框架,这些内容是学习旅游管理学和从事旅游管理学研究必须掌握的核心内容。

第一节 旅游生命周期理论

普恩(Poon)采用事件结构分析的方法绘制出了旅游生命周期曲线图。她整理了从第二次世界大战结束到21世纪初叶的社会发展大事件和世界旅游增长率数据,并用事件结构分析的方法构建了旅游生命周期图,首次提出了"旧旅游"(old tourism)和"新旅游"(new tourism)的概念(见图2-1)[1]。

---

[1] Poon, A. (1993). *Tourism, Technology and Competitive Strategies*. Oxford, UK: CAB International.

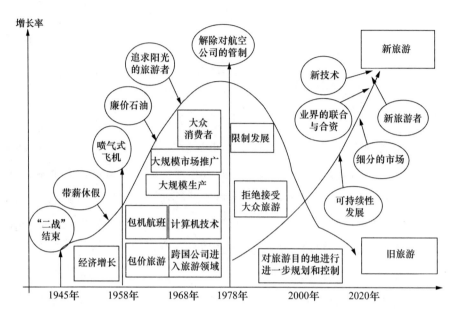

图 2-1 旅游生命周期图

资料来源：Lumsdon, L. (1997). *Tourism Marketing*. London, UK: International Thomson Business Press, p. 278.

普恩把传统的大众旅游称为"旧旅游"，认为旧旅游中的旅游者的消费行为和特点与新旅游中的旅游者完全不同。旧旅游者（传统的大众旅游者）满足于单一的、可预见的、3S 型（阳光、海水、沙滩，Sun-Sea-Sand）、随大流型的度假体验。新旅游者的旅游经验更丰富，更具独立性和灵活性，他们重视与众不同的体验，更了解旅游目的地的历史和文化，更清醒地意识到自己在旅游活动中的行为对旅游目的地和敏感环境的影响。新旅游者在旅游目的地所寻求的不只是旅游这项活动本身，还包括 REAL 体验，即 Rewarding（有益的）、Enriching（丰富的）、Adventuresome（冒险性的）、Learning（学习性的）。

在普恩的旅游生命周期图中，旧旅游在 20 世纪 70 年代末期达到顶点，并开始走向衰落，而新旅游则从这个时期开始兴起，并持续向前发展。按照普恩的逻辑预测，到 2020 年新旅游的规模将超过旧旅游在 20 世纪 70 年代

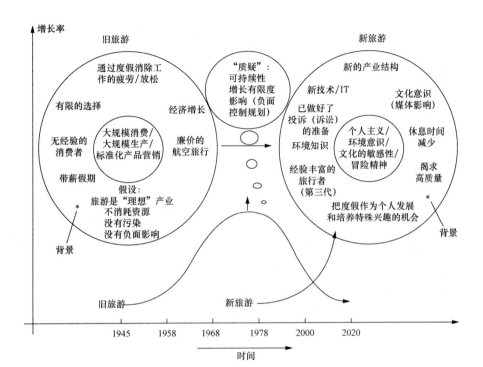

图 2-2 旅游生命周期回顾图

资料来源：Page, S. J., Connell, J. (2009). *Tourism: A Modern Synthesis* (3rd ed.). Hampshire, UK: Cengage Learning EMEA, p. 78.

末期所达到的顶峰，并将继续显示出发展的势头。普恩的旅游生命周期图显示，第二次世界大战结束后，由于科学技术的突飞猛进、世界经济的高速发展和社会进步等诸多因素，世界旅游业（旧旅游，即大众旅游）一直持续快速发展。到20世纪70年代末期，美国于1978年通过了《航空公司解除管制法》，由于放松了管制，世界航空市场进一步活跃。以此为标志，世界旅游业得到了空前的发展，达到了顶峰。但是此后，由于诸多因素的限制，旧旅游的发展速度开始减缓，而新旅游则开始兴起，并不断增长。

按照普恩当年预言的旅游发展趋势，随着可持续旅游观念日益深入人心，大众旅游者会逐渐向新旅游者转变。新旅游者最终会成为旅游市场的核心，取代传统的大众旅游者成为旅游市场的主体。图2-2进一步从旅游者的角度审视旧旅游向新旅游转变的趋势。旅游企业面对这个现实,如果要生存就必须重新调整其发展策略,沿着可持续旅游的发展模式进行运营。这些新旅游者也非常注意如何"正确地"消费旅游产品,注意在旅游活动中怎样做才能表现出负责任的、"正确的"举止和行为。

普恩提出的这个旅游生命周期模型也存在一个明显的缺陷。她在1997年构建旅游生命周期模型图时,忽略了中国因素,因为当时中国旅游者的规模很小。但是,随着中国的崛起和中国旅游者大规模在国内和国外从事旅游活动,普恩所预测的新旅游者和旧旅游者的发展趋势曲线与实际发展状况出现了偏差,因为到目前为止,大众旅游者(旧旅游者)仍然是中国旅游者的主体,而这么大规模的旅游者体量必然会影响世界旅游发展的格局。尽管如此,普恩所预测的新、旧旅游未来发展的大趋势还是可信的,从旅游管理的角度来看还是有价值的。

第二节 旅游推拉理论

一、旅游推拉理论概述

旅游流(tourist flow)是旅游者在旅游客源地与旅游目的地之间的一种空间移动形式,是在推力(push factors)和拉力(pull factors)的共同作用下产生的。丹恩(Dann)于20世纪70年代提出并描述了驱动旅游者出行的两类因素:推力和拉力。[1]

从旅游动机的角度,可以这样理解"推拉理论":旅游者外出旅游既受到来自个人性格特征或者个人需要的推动作用,也受到来自旅游目的地的各种吸引人的属性的拉动作用。推力构成了旅游动机的本质,是旅游的内在驱动力;而拉力则代表着旅游目的地的具体吸引物,正是这些性质各异的吸引物的存在,将那些已经做出出游决定的人吸引到了不同的旅游目的

---

[1] Dann, G. (1977). Anomie, Ego-enhancement and Tourism. *Annals of Tourism Research*, 4(4), 184-194.

地。"人们通常认为,可以用推力动机(push motivation)来解释旅游欲望,而用拉力动机(pull motivation)来解释具体旅游目的地的选择"。[①]一些旅游研究学者列举了一些与推力和拉力相关的动机因素(如表 2-1 所示)。

从旅游需求和供给的角度,可以这样理解"推拉理论":推力源自旅游客源地,而拉力源自旅游目的地。推力主要与旅游客源地的整体经济发展水平相关,其主要因素包括激发旅游需求的经济因素、社会因素、人口统计学因素、技术因素及政治因素。在这些因素的作用下,可以将旅游消费者从其常住地推出,使之参与旅游活动。拉力则有助于用具有吸引力的旅游产品将旅游者吸引到某个旅游目的地。

表 2-1　旅游的推力动机和拉力动机

推力动机	拉力动机
逃避的欲望	海滨
休息与放松	游憩设施
健康与健身	历史名胜地
冒险	价格低廉
声望	文化资源
社交活动	原始的自然环境
寻求新奇	易于进入
探索	国际化都市环境
加强关系	增长知识的机会
自我评价	体验不同文化的机会
回归	
学习新事物	
期望获得照顾/舒适	
期望得到热情款待	
业余爱好	

资料来源:Cook, R. A., Yale, L. Z., Marqua, J. J. (2010). *Tourism: The Business of Travel* (4th ed.). Upper Saddle River, NJ, USA: Prentice Hall, p. 35.

---

① Baloglu, S., Uysal, M. (1996). Market Segments of Push and Pull Motivations: A Canonical Correlation Approach. *International Journal of Contemporary Hospitality Management*, 8(3), 32-38.

二、旅游者决策过程

吉尔伯特(Gilbert)认为"推动因素"和"拉动因素"影响着旅游消费者的决策过程,并将这个过程分为以下四个不同阶段。[①]

(1) 需求的驱动力

这些包括休闲动机在内的驱动力激发人们做出外出度假或购买某类旅游产品的决策。

(2) 需求效应

人们可以通过各种渠道(比如宣传册和媒体等)获得休闲目的地的相关信息。休闲消费者可以据此建立自己对旅游目的地的看法和认知,而这种认知对未来能否实现休闲度假活动,既能产生积极的作用,也能产生消极的作用。

(3) 角色与决策

旅游消费者的角色将影响其最终外出度假的决策。例如,一个家庭的不同成员对度假时间、地点和方式等会产生不同的影响。

(4) 需求筛选

一系列的人口统计和社会经济因素会对外出休闲的决策产生巨大的影响。虽然这些来自客源地的推动力很强大,但是旅游需求还会受到一些限制因素的筛选和过滤。

如图 2-3 所示,旅游消费者选择旅游目的地的决策过程主要包括 5 个阶段。在旅游者选择休闲目的地的决策过程中,各个阶段所发生的行为如下。

在第一阶段,潜在的旅游休闲消费者受到来自多个旅游目的地的"拉动因素"和来自本身所处的客源地的"推动因素"的影响和激励,产生了旅游休闲需求,寻求某种形式的旅游休闲度假以期得到休息和放松。

---

① Page, S. J., Connell, J. (2009). Tourism: A Modern Synthesis (3rd ed.). Hampshire, UK: Cengage Learning EMEA, p. 82.

在第二阶段,决策者要对备选的已知的潜在休闲目的地进行评估。对这些已知的潜在休闲目的地的了解来自直接或间接的经验。同样,在评估过程中对信息的理解和解读不但会受到"拉动因素"和"推动因素"的影响,而且会受到决策者个人因素(个性、动机、文化、生活经历、性别、健康状况、教育背景等)的影响。

在第三阶段,决策者依据对已知的潜在休闲目的地的评估结论确定最终的旅游休闲目的地。大多数旅游者都会在反复斟酌比较之后初步选定3至5个旅游目的地,然后,从中挑选出一个比较理想的选择作为最终的旅游度假目的地。

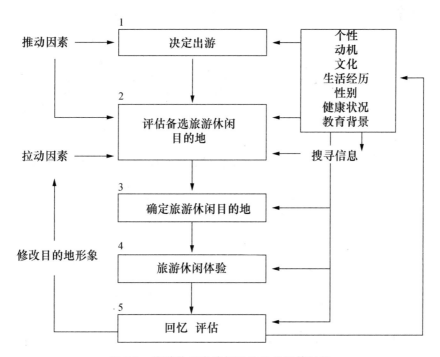

图 2-3　旅游休闲者选择目的地的决策过程

资料来源:Weaver, D., Lawton, L. (2010). *Tourism Management* (4th ed.). Milton, Australia: John Wiley & Sons Australia, Ltd., p. 155.

第四阶段是旅游休闲者进行休闲度假的实际体验过程。

第五阶段是休闲度假结束后,消费者回忆休闲度假体验和对本次休闲度假体验进行评价的过程。通过回忆和评价,消费者会修正其对旅游休闲目的地形象的认识。

第三节　旅游需求与动机理论

一、旅游需求

研究旅游需求可以揭示人们从事旅游活动的内在动力,有助于深刻理解人们的旅游行为,有助于对旅游行为进行预测和采取有针对性的引导措施。旅游需求是个体的旅游动机与其进行旅游活动的能力之间的关系。研究表明,人们的旅游休闲需求主要包括以下3个要素,这些要素组合在一起构成了旅游休闲总需求。[①]

(1) 有效/实际需求

指参加旅游活动的实际人数或者正在参加旅游活动的现实旅游消费者,即在某一地点或时间点记录到的旅游者总数。有效需求是最普遍、最易于测量的旅游需求要素,因此大多数旅游需求统计都会涉及这部分内容。

(2) 受抑制的需求

指未完全实现的需求,即人口中那些由于各种原因不能参加旅游活动的人群。这些人的旅游参与欲望由于这样或那样的原因未能得到满足。虽然依靠人们的愿望和欲望来确定需求是很困难的,但是可以据此进行旅游预测和制定旅游规划。受抑制的需求通常可以分成两类:潜在需求和延缓需求。

---

① Page, S. J., Connell, J. (2009). *Tourism: A Modern Synthesis* (3rd ed.). Hampshire, UK: Cengage Learning EMEA, pp. 51-53.

潜在需求,指由于个人缺少某些条件(例如收入、休假时间等)而不能完全实现的需求。如果某些条件发生变化,在未来的时间里这些受到抑制的潜在需求将会得到实现,成为有效或者实际需求。

延缓需求,指由于供给条件出现问题而推迟的需求。例如,由于住宿设施或者休闲娱乐设施的容量不足、交通困难或者天气状况恶劣,很多人的旅游休闲欲望得不到满足,需求被迫推迟到供给改善之后才能实现。因此,在供给条件得到改善之后,延缓需求在未来的时间内会转化为有效需求。

(3) 无需求

人口中总会有一些人不外出参加旅游休闲活动,其原因可能是没有足够的金钱,可能是不愿意或者无法找到必要的时间,也可能就是愿意在家里享受空闲时光,而不愿意离家外出。不论这些原因是主动的还是被动的,这类人都可以归为"无需求"这个类别。

除了上述三个要素之外,还可以从其他角度研究需求,例如,替代需求和转移需求。

替代需求指一种对旅游活动的需求被另一种对旅游活动的需求所代替,例如,旅游者采取到酒店住宿的方式而不采取全自助的方式。

转移需求的发生通常是由于某些无法预见或控制的原因(例如,某个旅游目的地或度假地出现超额预订的情况)导致度假的地点发生变化。

由于旅游需求是个体的旅游动机与其进行旅游活动的能力之间的关系,因此来自旅游客源地和来自旅游目的地两个方面的因素会对旅游需求产生影响。这些影响因素又可以分成两类:决定因素和动机。[1]

决定因素,指在社会或某一人口群体中可以促进产生旅游需求的外源性或外部因素,主要包括政府政策、媒体传播、营销、社会规范、社会压力、知识程度、对目的地的了解、目的地形象、技术变革以及更广泛的社会经济

---

[1] Burkart, A., Medlik, S. (1981). *Tourism: Past, Present and Future* (2nd ed.). London: Heinemann.

因素等。

动机,指对个体产生直接影响的个人因素,以欲望和选择的方式表现出来。动机也可能会受内在因素(例如知觉和个性)和外在因素(例如文化背景、年龄和性别)的影响。

二、旅游动机

1. 旅游动力因

哲学家认为科学探索是对事物原因的探索。这些原因存在四种不同的类别:质料因(material cause)、动力因(efficient cause)、形式因(formal cause)和目的因(final cause)。动力因与动机相关,因此可以用动力因理论来解释人们为什么会以旅游者的身份外出休闲度假。旅游的动力因可以分为两大类别:与"动机"(motivation)相关的条件和与"手段"(means)相关的条件(见表2-2)。

与"动机"相关的动力因条件包括需要、信息、预期和动机。需要是人的一种未满足的状态,而通过外出旅游则可以满足这种需要。需要可能是单一的,也可能是复合的。作为动力因条件的信息一定要能够引导人们对休闲产生的积极预期,即外出休闲度假将会满足人们的需要。与旅行相关的需要和预期一定要有足够的强度,否则就无法使人们产生旅游动机。

与"手段"相关的动力因条件包括时间、财力资源和自由状态。时间条件指人们要外出旅游必须具备的可自由支配的时间。人们外出旅游的另一个重要条件是必须拥有足够的财力资源(即资金),以支付旅游消费所涉及的费用。最后一个手段条件是要保证潜在旅游者能够不受限制地外出旅行——限制既包括来自政治和制度方面的限制,也包括来自家庭方面和自身身体方面的限制。

表 2-2 旅游动力因

项目	特点
动机条件	
1. 需要:未满足的状态	产生于旅游客源地
2. 信息:通过信息可以了解拟访问的旅游目的地的情况,包括他人的体验、要做的活动、要看的东西、要使用的设施和服务	人们在旅游客源地获得信息,信息来源包括广告和其他促销媒介、旅游业、亲朋好友
3. 预期:对未来或潜在旅游体验的预期	人们对旅游体验的预期在旅游客源地形成,并与需要的潜在满足程度相关
4. 动机:将旅游活动付诸实践的欲望	人们的旅游动机在旅游客源地形成,并带着这种动机进入旅游目的地
手段条件	
5. 时间:可以用于旅游的可自由支配的时间	可以离开旅游客源地一日或者多日,到一个或多个旅游目的地度假
6. 资金:可以用于旅游的可自由支配的金钱和其他财力资源	有足够的能力支付旅游费用
7. 不受限制地进行旅游活动的状态	可以不受限制、自由地离开自己的常住地

资料来源:Leiper, N. (2004). *Tourism Management* (3rd ed.). Frenchs Forest, Australia: Pearson Education Australia, p. 91, 略有改动。

2. 旅游动机

旅游动机是推动人们进行旅游的内部驱动力。旅游动机是在需要的刺激下,直接推动个体去进行旅游活动的内部动力。一个人一旦产生了旅游需要,旅游动机就推动其为满足旅游需要而进行种种努力,把行为指向特定的方向:做出旅游决策;发动旅游行为;维持旅游活动的进行并达到目的;满足旅游需要;最终消除心理紧张。不管旅游动机如何复杂,其实质都是为了满足人们的多种旅游需要。

旅游动机的产生必须同时具备两方面的条件:主观条件和客观条件。主观条件是个体的内在条件,即人对旅游的需要。客观条件是外在的诱因或刺激条件。旅游动机产生的客观条件通常可以归纳为三个主要类别:时间条件、经济条件和社会条件。

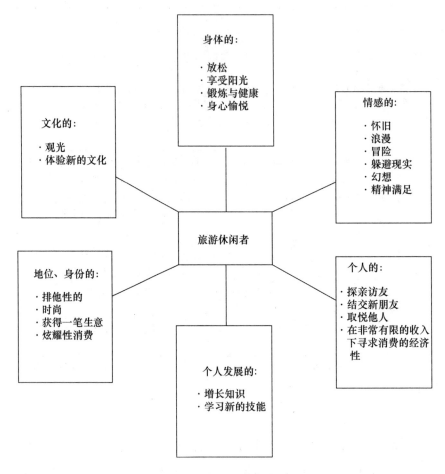

图 2-4　旅游动机的类型

资料来源：〔英〕约翰·斯沃布鲁克，苏珊·霍纳．旅游消费者行为学．俞慧君，张鸥，漆小艳，译．北京：电子工业出版社，2004，44．

3．动机的多源性

依据动机在旅游活动中所起的作用，旅游动机也可以分为主导性动机（或称基本动机）和辅助性动机（或称次要动机）。主导性动机在旅游活动中处于主导和支配地位，决定人们到哪里去旅游和用什么方式进行旅游，而辅助性动机则对主导性动机起补充作用。

除了主导性动机和辅助性动机之外,还可以将动机分为另外两个类别:表面动机或明显动机;隐藏动机或潜在动机。表面动机或明显动机通常都与社会上流行的价值观保持一致性,而隐藏动机或潜在动机则是那些消费者本人没有意识到或者不愿意公开申明的动机。

旅游研究人员通过对现代旅游者各种行为的研究,从不同的角度归纳了多种旅游动机的类别,主要的旅游动机可以概括为来自6个方面:文化的;地位、身份的;个人发展的;个人的;情感的;身体的(见图2-4)。

第四节 旅游吸引物分类方法

为了最大限度地开发和挖掘旅游目的地的旅游资源潜力和对其进行卓有成效的管理,就必须要对旅游吸引物进行分类。按照不同的分类标准,可以将旅游吸引物分成多种不同的类别。

中国于2003年制定了国家标准《旅游资源分类、调查与评价》,并于2017年12月发布了修订的新版国家标准,于2018年7月1日正式实施。该标准适用于旅游资源开发与保护、旅游规划与项目建设、旅游行业管理与旅游法规建设、旅游资源信息管理与开发利用等方面的工作。该标准将旅游资源划分为8个主类(地文景观、水域景观、生物景观、天象与气候景观、建筑与设施、历史遗迹、旅游购品、人文活动)、23个亚类及110个基本类型(详见中国国家标准《旅游资源分类、调查与评价》(GB/T 18972—2017))。

戈尔德纳(Goeldner)等人将旅游吸引物划分为五大类别,即文化吸引物、自然吸引物、节事活动、休闲运动和娱乐吸引物(见图2-5)。

"旅游吸引物清单"(attraction inventory)是另一种旅游吸引物的分类方法。①采用这种方法,旅游目的地的决策者、管理者、规划者或者旅游者

---

① Weaver, D., Lawton, L. (2014). *Tourism Management* (5th ed.). Milton, Australia: John Wiley & Sons Australia, Ltd, pp. 118-119.

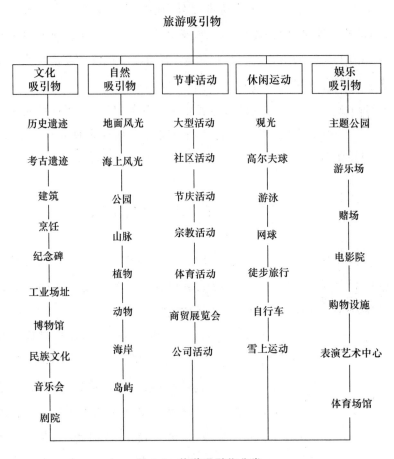

图 2-5 旅游吸引物分类

资料来源：Goeldner, C., Ritchie, J. (2012). *Tourism: Principles, Practices, Philosophies* (12th ed.). Hoboken, NJ, USA: John Wiley & Sons, Inc., p. 174.

可以清晰直观地一览旅游目的地的所有吸引物。"旅游吸引物清单"方法将旅游吸引物放到一个平面坐标系中，纵向将其分为"自然资源"和"文化资源"两大类别，横向将其分为"场址型"和"事件型"两种类型（见表 2-3）。值得注意的是，虽然用"旅游吸引物清单"方法对旅游吸引物进行分类比较科学合理，但事实上，这些类别之间的界限并不一定很严格，也并不一定很清晰，因为旅游吸引物本身具有很大的多样性，而旅游目的地通常也都得益于这些多样性。

表 2-3　旅游吸引物清单

类别	场址型	事件型
自然资源	地形地貌:山脉、峡谷、海滩、火山、岩洞、化石出土地区等	火山喷发
	气候:气温、阳光、降水量等	
	水文:湖泊、河流、瀑布、温泉等	潮汐
	野生动物:哺乳动物、鸟类、昆虫、鱼类等	移栖
	植被:森林、草原等	
	地区:中心地区、端点地区等	
文化资源	史前:土著居民遗址	
	历史:战场、古建筑、博物馆、古遗址、墓地、雕塑等	再现战斗场面、纪念活动
	当代文化:建筑、民族聚居地等	节庆活动、世界博览会
	经济:农场、矿山、工厂等	
	娱乐消遣:综合度假地、高尔夫球场、滑雪场、主题公园、博彩娱乐场、体育场馆等	体育赛事、奥运会
	零售:巨型购物中心、商业购物街区等	集市

资料来源:Weaver, D., Lawton, L. (2014). *Tourism Management* (5th ed.). Milton, Australia: John Wiley & Sons Australia, Ltd, p. 119.

从旅游管理的角度,仅仅对旅游吸引物进行分类是远远不够的。旅游目的地的决策者和管理者还应该了解本地旅游资源的状况和基本属性,这样才能够对旅游吸引物的地位做出有效的评估,然后以此为依据制定规划、管理和开发决策。在对旅游吸引物的地位进行评估之前,需要了解旅游吸引物的各种相关属性。图 2-6 列举了对旅游吸引物进行评价时经常使用的 11 项相关属性标准。

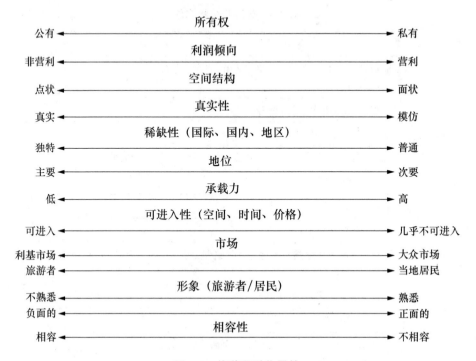

图 2-6　旅游吸引物属性

资料来源：Weaver, D., Lawton, L. (2014). *Tourism Management* (5th ed.). Milton, Australia: John Wiley & Sons Australia, Ltd, p. 137.

第五节　旅游市场细分基础理论

一、旅游市场的发展趋势

自第二次世界大战结束以来,世界旅游市场的主要发展变化趋势是从大众市场(mass market)向利基市场(niche markets)的转变(见图2-7)。旅游市场从宏观上经历了从小到大的过程,但是从微观上却沿着从大到小的轨迹前进。

旅游市场发展的第一个阶段是"大众旅游市场",在这个阶段只有单一的旅游市场。"旅游者"是旅游市场中唯一的一个类别。

旅游市场发展的第二个阶段是"简单市场细分"阶段。在这个阶段，出于简化营销手段和易于产品开发的目的，将单一的旅游市场按照旅游者的某些共同的特点或行为进行简单的细分。

随着旅游业的深入发展，"简单市场细分"已经无法满足旅游者的多重需要，因此有必要对"简单市场细分"进行进一步的细分。在这种背景下应运而生了"多层市场细分"，即对纵向分割的简单细分市场进一步进行多层次的横向细分。

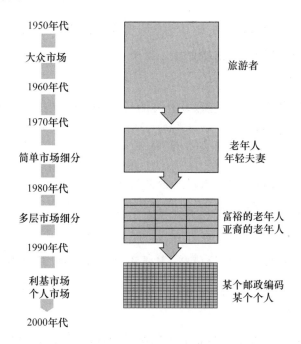

图 2-7　旅游市场发展趋势

资料来源：Weaver, D., Lawton, L. (2014). *Tourism Management* (5th ed.). Milton, Australia: John Wiley & Sons Australia, Ltd., p. 161.

在世界范围内，从 20 世纪 90 年代开始，发达国家的旅游消费者由于积累了将近四十年的旅游经验，对旅游活动有了更深刻的认识，变得非常精明和有见识。这些旅游消费者需要那些能够满足个体消费者的不同需要和口味的高质量、专门化的旅游产品。利基市场就是抓住特殊的、有专门需要的、更窄的小群体消费者群,为其提供能充分满足其需求的个性化产品,形成一个不可替代的"利基"市场,即小众市场。

二、旅游市场细分的原则

不论采用何种方法进行旅游市场细分,都应该遵循如下这些基本原则。①

1. 独特性

细分出的目标市场一定要具有单一性或独特性,一定要具有某些清晰的指标,可以区别于其他消费群体。

2. 可测量性

细分市场群体的特征应该具有可测量性,因为只有这样才可以准确地找到预期的市场群体。

3. 可行性

从长远利益而言,目标市场所带来的利益一定要超过营销成本。如果达不到这个目标,那么这个市场细分是不可行的。

4. 一致性

细分出的目标市场在价值观、需要和愿望等方面,应该与产品的提供者的利益保持一致。否则,细分出来的目标市场是没有实际价值的。

5. 可持续性

细分的目标市场是否与企业及旅游目的地的可持续发展目标相一致,尤其是在生态和环境保护方面的可持续性。

三、旅游市场细分的方法

现代旅游业采用的市场细分方法和细分标准很多,但是在实践中,通

---

① Middleton, V., Fyall, A., Morgan, M. (2009). *Marketing in Travel and Tourism* (4th ed.). Oxford, UK: Butterworth-Heinemann, pp. 101-102.

常采用的旅游市场细分方法如下所述。

1. 地理因素

人们居住在哪里对其旅游消费模式有一定的影响,因此按照地理边界划分市场是旅游市场细分的一种最常用的方法。按地理因素进行旅游市场细分,最简单的方法是将旅游度假市场划分为三个部分:目的地游客(destination visitors)、地区性游客(regional visitors)和当地居民(local residents)。① 目的地游客指那些经过长途旅行到旅游目的地度假的旅游者;地区性游客指那些居住在度假目的地周围地区、当日可以返回的不过夜旅游者;当地居民指旅游目的地当地的常住居民。

世界旅游组织根据世界各地旅游发展的情况和国际旅游客源的集中程度,将全世界的国际旅游市场划分为六大部分。结合这一划分标准可以继续将世界旅游市场按照地理因素分四个层次进行逐级细分(见图2-8)。

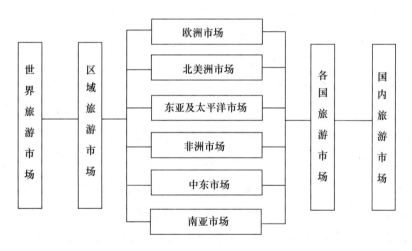

图2-8　世界旅游市场的四级细分

资料来源:马勇,周霄. 旅游学概论. 北京:旅游教育出版社,2004,43。

---

① Goeldner, C., Ritchie, J. (2012). *Tourism: Principles, Practices, Philosophies* (12th ed.). Hoboken, NJ, USA: John Wiley & Sons, Inc., p. 435.

2. 旅游消费者的购买行为

旅游消费者的购买行为也可以作为市场细分的依据,旅游供给商可以依据特定目标市场的不同购买行为开发出有针对性的旅游产品,以满足特定市场的需要。旅游消费者的购买行为的特点与旅游者的购买决策过程相关,主要包括:

- 旅游者预订旅游产品之前的决策时机和顺序;
- 旅游者预订旅游产品过程中的决策方式;
- 旅游者在使用和消费旅游产品的过程中的决策方式;
- 旅游者在使用和消费旅游产品之后(获得旅游体验之后)的决策行为。[①]

3. 社会人口统计因素

社会人口因素涉及与社会经济发展相关的人口统计因素,包括性别、年龄、家庭生命周期、受教育程度、职业、收入、社会阶层、民族背景、宗教等方面的变量标准。其方法是以上述客观标准或者可度量的个人特征为基础,将旅游消费者分成不同的群体。

年龄和家庭生命周期是重要的市场细分变量。依据年龄和家庭生命周期进行市场细分综合考虑到了年龄及婚姻状况等因素,因为旅游消费者的行为在一定程度上受其家庭生命周期所处的阶段的影响。同时,人们用于旅游休闲活动的可自由支配的金钱和时间通常会随着家庭生命周期中不同阶段的变化而变化。例如,人们随着年龄的增长,事业也会步入高峰,这时可自由支配的用于旅游休闲活动的金钱会增多,但是人们在这个阶段由于需要为事业努力奋斗,反而可能会没有太多的可自由支配的时间,这种变化被称为"休闲矛盾结构"(leisure paradox)(见图2-9)。

---

① Middleton, V., Fyall, A., Morgan, M. (2009). *Marketing in Travel and Tourism* (4th ed.). Oxford, UK: Butterworth-Heinemann, p. 107.

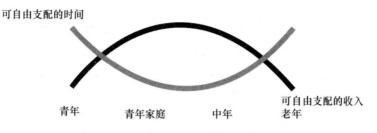

图 2-9 休闲矛盾结构

资料来源：Cooper, C., Fletcher, J., Fyall, A., Gilbert, D., Wanhill, S. (2008). *Tourism: Principles and Practice* (4th ed.). Harlow, Essex, England: Pearson Education Limited, p. 100.

4. 旅游消费者的生活方式

分析生活方式的行为特点，有助于理解和解释持有不同生活方式的旅游者的不同旅游方式和旅游行为，并以此为依据对旅游市场进行细分。美国运通公司对其客源市场的细分具有很典型的意义。它根据旅游者的生活方式和对其旅游产品的反应，将旅游度假市场细分为以下五种基本类型。[①]

- 享乐型旅行者：这类旅行者富裕并且自信，愿意花钱买舒适。
- 梦想型旅行者：这类旅行者经常阅读和谈论旅游，但他们对自己的旅游技巧缺少信心。他们愿意到旅游指南推荐的地方旅游。
- 经济型旅行者：这类旅行者把旅游当作释放压力的渠道和放松的机会，但是十分注意价格和价值。
- 探险型旅行者：这类旅行者年轻、自信、有独立性。他们愿意体验新事物，接触文化和人。
- 担心型旅行者：这类旅行者害怕坐飞机，旅途中做决策缺少信心。他们需要有丰富经验的旅行代理帮助他们选择旅游目的地。

根据旅游者的行为方式，还可以将旅游市场划分为"漫游旅游者"和

---

① Profiles in Travel, *Travel Agent Magazine*, October 16, 1989, p. 40.

"追逐阳光的旅游者"。

• 漫游旅游者：主要对与文化相关的旅游项目和活动感兴趣，他们希望通过旅行看到多个不同的地点，享受在各个不同的旅游目的地参观各种独特的景观和参加各种活动的体验。这类旅游者的主要旅游目的是观察、体验和学习，休闲娱乐目的退居次要位置。

• 追逐阳光的旅游者：只是一个比喻，他们并不是仅仅追求阳光和沙滩。他们的主要旅游需要是休闲娱乐，因为每个人的动机不同，所以需要的休闲娱乐资源也不尽相同。

5. 旅游消费者的心理分析因素

心理分析因素完全不同于那些可以量化考查的人口统计因素。依据心理分析因素进行市场细分，就是根据旅游消费者的心理特征而不是物理特征进行市场细分。心理分析因素包括一些复杂多样的特征，例如动机、个性类型、态度、知觉、需要等。虽然这些因素很难采用量化的方法进行度量，但是这些因素的确对人们的旅游行为产生很大的影响，因此也被认为是区分市场细分的一种方法。下述普洛格（Plog）提出的心理特征类型模式是旅游管理领域中常用的一个经典理论。

第六节 旅游者心理分析理论

依据心理分析因素进行市场细分就是根据旅游消费者的心理特征进行市场细分。普洛格认为旅游者的心理特征类型模式可以用一个正态曲线表示（见图 2-10），处于曲线两端的旅游者是完全相反的两个不同类型的旅游者：自我中心型（psychocentric）和多中心型（allocentric）。

自我中心型旅游者，也可以称为依赖型人格（dependable）旅游者，这些人不具有冒险精神，不喜欢不熟悉的旅游环境，性格内向。这些人愿意前往大多数人常去的知名旅游目的地。多中心型旅游者性格外向，也可以称为冒险型人格（venturer）旅游者，这些人喜欢冒险，在旅游度假时愿意从事

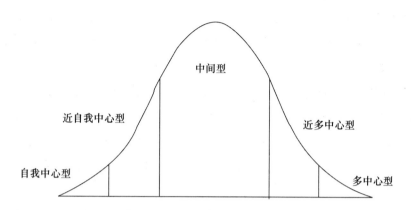

图 2-10 普洛格的旅游者心理类型

资料来源：Weaver，D.，Lawton，L.（2014）. *Tourism Management*（5th ed.）. Milton，Australia：John Wiley & Sons Australia，Ltd.，p. 174.

那些具有冒险性、猎奇性和刺激性的活动。这些人愿意选择那些新奇的旅游目的地，并喜欢进行个人旅游。介于自我中心型和多中心型之间的是中间型旅游者。这类旅游者有一定程度的冒险精神，但是同时又追求家一般的舒适和温馨。中间型旅游者占旅游者的大多数，还可以将其进一步划分为近自我中心型和近多中心型。

基于普洛格的旅游者心理类型划分理论，人们发现，旅游度假目的地的市场发展一定会沿着多中心型旅游者→中间型旅游者→自我中心型旅游者这样的轨迹发展。因此，可以做出这样的推断：多中心型旅游者往往会成为新旅游目的地的第一批拓荒者和宣传者；自我中心型旅游者往往是前者的追随者，成为新旅游目的地的后续游客。

第七节　旅游体验理论

一、旅游体验的基本概念

在当今社会中，人们在旅游领域中也已经抛弃了原来那种单纯购买产品和服务的观念，转而寻求从消费产品和服务的过程中获得体验。在从商品和服务向体验转变的过程中,体验代表着终极目标:商品(commodity)是可以替代的,消费品(goods)是有形的,服务(services)是无形的,而体验(experiences)则是令人难忘的。[①]

国内学者谢彦君综合国内外学者的研究成果,将旅游体验的定义归纳为:旅游体验指处于旅游休闲世界中的旅游者在与其当下情境深度融合时所获得的一种身心一体的畅爽感受。这个定义的要点包括下述4点内容。[②]

1. 旅游体验是一种心理现象,是体验个体集中地以情感或情绪表现出的快感(愉悦)经验。

2. 旅游体验与当下的旅游情境有关,通常不包括脱离了旅游世界的预期和回忆等范畴。

3. 旅游体验过程中旅游休闲者在与外部世界取得暂时性联系的过程当中,会产生改变其心理水平并调整其心理结构的效果,这通常是旅游体验的更为积极的意义之所在。

4. 旅游体验是一个互动过程,体验深度与旅游者的融入程度相关,从而会形成深度体验和浅度体验的差异。

二、旅游体验的过程

旅游体验实际上是一个过程,其中包含一系列的关键阶段(见图2-11)。

旅游体验的初始阶段是出行计划。在这个阶段,旅游者受旅游休闲动机的驱动而产生休闲欲望,然后综合自己过去的体验,并参考他人的体验、媒体宣传提供的信息以及度假成本,对度假目的地、出行方式、休闲方式、住宿标准等因素进行评估,并最终确定休闲度假目的地。

出行阶段主要涉及旅行因素。在旅游休闲的背景下,旅行也是休闲体验的重要组成部分。

在旅游目的地的体验阶段是旅游体验的主要部分。通常,旅游目的地

[①] Neuhofer, B., Buhalis, D., Ladkin, A. (2012). Conceptualising Technology Enhanced Destination Experiences. *Journal of Destination Marketing & Management*. 1 (2012), 36-46.

[②] 谢彦君. 基础旅游学(第三版). 北京:中国旅游出版社,2011,242.

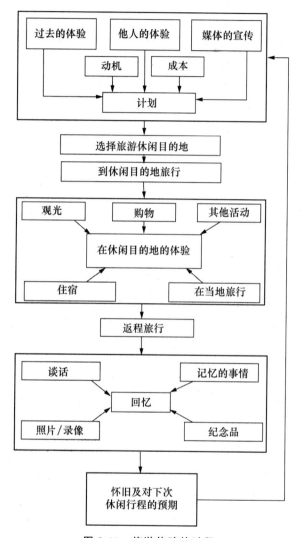

图 2-11 旅游体验的过程

资料来源：Williams, S.（2009）. *Tourism Geography: A New Synthesis*（2nd ed.）. London, UK: Routledge, p. 17, 略有改动。

的体验主要包括观光体验、购物体验、收集有意义的纪念品、住宿体验，以及与目的地居民、社会及文化接触而获得的各种体验。

返程旅行阶段与出行旅行相同，也是旅游体验的重要组成部分，但是由于旅游过程已经接近尾声，因此旅游者的兴奋程度和对悬念的预期都不一定达到出行阶段的水平。

在回忆阶段,旅游者通过与亲朋好友的谈话,观赏度假照片或录像片,或看到摆放在家里的度假纪念品,会使本次度假的体验不断地重新浮现在面前。度假者对本次旅游活动的认知会对下次度假活动的策划产生影响,而这种影响可能是积极的,也可能是消极的,取决于休闲者在本次旅游活动过程中获得的体验是积极的还是消极的。

随着越来越多的旅游消费者寻求更高的体验价值,并愿意支付更高的价格以获得高价值的体验,生产和创造体验产品已经成为众多旅游休闲企业的重要战略目标之一。

三、旅游体验的类型

科恩(Cohen)依据游客在旅游过程中追求"绝对真实"的程度对游客的体验进行分类。科恩把这种"绝对真实"称为"中心",认为正是游客与"中心"的不同距离构成了其真实的体验,并使其生活具有意义。科恩划分出5种不同的游客体验模式,具体如下。[①]

1. 娱乐模式

旅游者把这种旅游度假体验作为一种娱乐消遣,通过旅游度假恢复体力和脑力,以保持旺盛的体力和精力。

2. 转移模式

这种体验的旅游者实际上是在寻求没有意义的乐趣。他们的旅游休闲过程失去了休闲娱乐的内涵,他们只是要从令人厌倦的、无聊的日常生活的现实中逃离出来,疏远自己真实的社会生活或文化生活的中心,进入一个令人忘掉一切的短暂度假阶段,以治愈身体,平抚心灵。

3. 体验模式

旅游者在不改变自己的基本信仰和价值观的前提下,寻求与自己不同的人们或民族的不同生活的意义,其目的是为了获得来自"异文化"的经历和知识。

---

① Cohen, E. (1979). A Phenomenology of Tourist Experiences. *Sociology*. 13 (2), 179-201.

4．实验模式

旅游者希望"品尝"那些与自己熟悉的生活方式完全不同的生活,并对其进行比较,期望最终能够发现一种满足自己独特的需要和愿望的生活。

5．存在模式

在存在模式下,旅游者感觉到自己生活在错误的地点,出生在错误的时代。旅游休闲者的这种疏离自己日常生活的感觉非常强烈,以至于促使其外出旅行以寻求一个"更好的"世界。[1]这种模式的旅游体验在一定程度上是一种"朝圣体验"。

科恩将这5种体验模式置于一个连续体上,连续体的横向表示对中心的认可程度(一端为大众旅游者的娱乐体验,另一端为存在模式游客的朝圣体验),纵向表示旅游活动对游客的意义的强弱(如图2-12所示)。

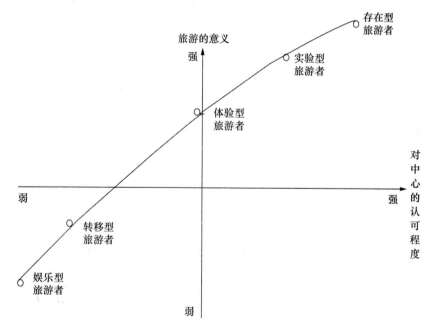

图2-12　科恩的旅游体验连续体模型

资料来源:龚锐．旅游人类学教程．北京:旅游教育出版社,2011,154．

---

[1] Lengkeek, J. (2001). Leisure Experience and Imagination: Rethinking Cohen's Modes of Tourist Experience. *International Sociology*. 16 (2), 173-184.

第三章
旅游管理学基本理论(中)

本章继续介绍旅游管理学学科领域中的基本理论观点、理论模型。

第一节 旅游者凝视理论

"旅游者凝视理论"(Tourist Gaze Theory)最早是英国社会学家约翰·厄里(John Urry)在其著作《旅游者凝视：当代社会中的休闲与旅游》中提出的。厄里从旅游者凝视的角度分析了旅游体验的视觉本质。厄里认为，旅游者观察令人感兴趣和令人好奇的环境，也就是说，他们凝视自己遇到的事物。[1]

一、旅游者凝视的类型

厄里认为旅游者凝视是"对环境的视觉消费"，并将其概括为5种形式：浪漫的、集体的、观赏的、环境的、人类学的。[2]

- 浪漫的凝视(romantic gaze)

浪漫的凝视多见于受到良好教育的文人墨客。旅游者独自消费视觉目标或令人敬畏的奇观美景，并通常会长时间地沉浸在这种浪漫的凝视体验中。

---

[1] Urry, J. (1990). *The Tourist Gaze: Leisure and Travel in Contemporary Societies*. London, UK: Sage, p. 1.
[2] Urry, J. (1995). *Consuming Places*. London, UK: Routledge, p. 191.

- 集体的凝视(collective gaze)

集体的凝视通常指社交活动,大家围绕着熟悉的视觉目标分享共同的体验。与浪漫凝视不同,集体凝视的主要目的是休闲与享乐,而不是寻找孤独与敬畏,其特点是集体消费、相互交流。

- 观赏的凝视(spectatorial gaze)

这也是集体性的社交活动,大家短暂地相聚,但是这类旅游休闲活动的内容包括收集本次出游的一些符号性、标志性物品。

- 环境的凝视(environmental gaze)

这是集体的组织活动,具有持续的、多层面的性质,通常涉及对环境的研究和检查。

- 人类学的凝视(anthropological gaze)

这是游客独自进行的一种活动,涉及对凝视目标进行长期深入的接触,并对其进行研究和解释。

二、凝视目标的特点

厄里认为凝视目标具有如下特点。[1]

1. 旅游者凝视具有独特性的目标。典型的具有独一无二性的目标是每个人都知道并希望去凝视的、具有绝对独特性的目标。

2. 旅游者凝视具有特殊符号性的目标。这种凝视方式显示,旅游休闲者在某种意义上是以符号学的方式、用旅游的话语来解读其观看到的典型景观。

3. 旅游者凝视那些以前熟悉的目标中不熟悉的东西。这样就会看到其他人群中那些他们自认为熟悉的东西中的一些不熟悉的侧面。

4. 旅游者凝视那些本身并不独特但与其相关的物体或者标志物具有

---

[1] Urry, J. (2002). *The Tourist Gaze: Leisure and Travel in Contemporary Societies* (2nd ed.). London, UK: Sage, pp. 12-13.

独特性的目标。例如,月球岩石本身看上去似乎平淡无奇,但是其来自月球的经历却具有极大的独特性。

第二节　旅游吸引物的真实性理论

一、真实性概述

人们对旅游中真实性探讨的重点主要是旅游体验的真实性,即旅游者在何种程度上追求真实性。从旅游研究的角度,大致可以依据对象和活动将旅游真实性划分为两个类别:与对象相关的真实性(object-related authenticity)和与活动相关的真实性(activity-related authenticity)。与对象相关的真实性涉及客观真实(objective authenticity)和构建真实(constructive authenticity),而与活动相关的真实性涉及存在真实(existential authenticity)。具体解释如下。[①]

• 客观真实

客观真实指原物或原始物(originals)的真实性。从客观真实的角度,真实的旅游体验等同于对原物或原始物的真实性的认识论体验(epistemological experience)。因此,以旅游目的地客观存在的事物为依托的感受和体验是游客真实的体验。然而,由于旅游活动——尤其是大众旅游活动——为了迎合和满足市场需求,而有意识地将文化商品化,这就使旅游者获得的只是对"虚假事件"的体验,即一种对客观真实的"想象",并非真实本身。

• 构建真实

构建真实指游客或旅游产品供给商在"想象、预期、偏好、信仰、权力"等方面投射到参观游览对象上的真实性,即旅游休闲中的真实性是被构建

---

① Wang, N. (1999). Rethinking Authenticity in Tourism Experience. *Annals of Tourism Research*, 26 (2), 349-370.

的。构建真实是旅游休闲活动主客观因素并置的真实性建造,即旅游中的真实体验和参观游览对象的真实性相互构建。对同一个参观游览对象而言,会具有各种不同的真实性。因此,在这种意义上,参观游览对象的真实性实际上是一种具有象征意义的真实。

- 存在真实

存在真实指由旅游休闲活动所引发的潜在存在状态。存在真实与参观游览对象的真实在很大程度上没有相关性。与客观真实和构建真实不同,存在真实涉及旅游活动的"阈限过程"引发的个人情感或者交互主体情感。在这种处于意识边缘的体验中,游客感觉到,与日常生活相比,自己更具真实性,更具自我表现性。这并不是因为他们发现参观游览对象是真实的,而只是因为他们参与了不受日常生活约束的非寻常活动。因此,在某种意义上,存在真实可以被理解为"真实的好时光"。

二、旅游者对真实性的知觉

旅游者对文化表演和其他旅游产品(尤其是与社会文化相关的产品)的真实性的知觉直接影响着游客的旅游体验。一方面,随着游客对异域文化和民族差异性认识的提高,他们希望旅游休闲吸引物能够提供具有真实性的文化,即提供一个真实的文化环境,接触真实的文化习俗和文化活动。另一方面,在社会文化日益商品化的时代,游客在很大程度上也都认为,他们在旅游休闲目的地所经历或参观的文化产品都是生动逼真的梦幻世界和虚拟世界,和真实的传统文化没有什么关系。

表 3-1 归纳了游客对旅游吸引物真实性的各种知觉,将游客对真实性的知觉归纳为四种情境。本质上,这个模型包括两个方面:(1)游客对旅游休闲吸引物真实性的看法;(2)这个旅游休闲吸引物本身是否具有真实性。

表 3-1　游客对旅游休闲吸引物真实性的知觉

旅游休闲吸引物的性质	游客对旅游休闲吸引物的知觉	
	真实的	人为设计的
真实的	（Ⅰ）正面影响 游客和目的地居民都感知到旅游吸引物是真实的	（Ⅱ）负面影响 游客认为一个真实的旅游产品是人为设计的
人为设计的	（Ⅲ）负面影响 游客被误导或者把人为设计的旅游产品错认为是真实的	（Ⅳ）正面影响 游客和目的地居民都感知到旅游吸引物是不真实的

资料来源：Weaver, D., Lawton, L. (2010). *Tourism Management* (4th ed.). Milton, Australia: John Wiley & Sons Australia, Ltd., p. 250.

第三节　旅游服务产品的质量管理

一、旅游服务质量概述

在服务行业中，质量并不是一个简单的事实，而是消费者心中的一种感觉。因此，旅游消费者是否会认同所获得的服务的质量主要取决于两方面的因素：(1) 旅游消费者的个人态度、预期值及过去的经历；(2) 旅游者预期在购买了旅游产品之后将要得到的好处。

基于旅游活动的复杂性，旅游产品的质量可以被视为一个拼图。在这个拼图中，包括很多规格不同但是却同等重要的拼图版块（见图 3-1）。这些形状各异的拼图版块对旅游者而言是同等重要的，它们必须完美地结合在一起才能满足旅游者的需要，才能使旅游者的心中产生良好的感觉，使旅游者获得美好愉悦的旅游体验。因此，所有这些质量因素只有完美地契合在一起，才能构成完美的拼图，获得优质的服务质量。

旅游吸引物的质量可以从两个方面来理解，即从"产品"角度和从"过

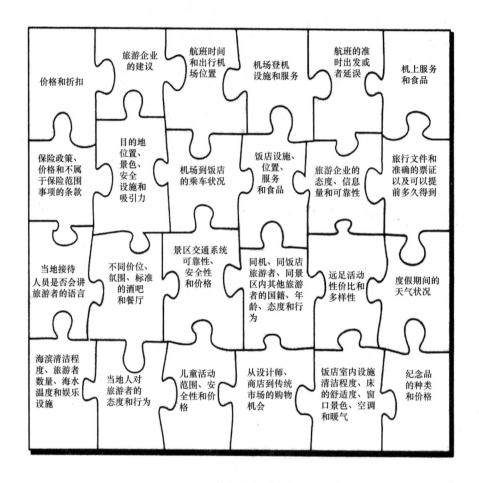

图 3-1　旅游服务质量拼图

资料来源：〔英〕约翰·斯沃布鲁克，苏珊·霍纳. 旅游消费者行为学. 俞慧君，张鸥，漆小艳，译. 北京：电子工业出版社，2004，185.

程"角度来理解。"产品"指顾客获得的最终结果。"过程"主要指旅游景区（点）的运营方式以及顾客购买的旅游产品的生产过程和供给过程。①

---

① Swarbrooke, J. (2002). *The Development and Management of Visitor Attractions* (2nd ed.). Oxford, UK: Butterworth-Heinemann, pp. 318-319.

二、旅游服务质量评估

由于服务质量对创造顾客的满意度十分重要,因此人们创造出了很多改善服务质量的技术和手段。然而对旅游服务行业的服务质量进行评估并不容易。帕拉苏拉曼(Parasuraman)、蔡特哈姆(Zeithaml)和贝里(Berry)通过大量的研究,于 1985 年首先采用了服务质量问卷调查的方法(即 SERVQUAL 方法),对服务行业的服务质量进行评估。SERVQUAL 方法的核心功能是,顾客通过比较其接受的服务水平和期望目标可以得出对该服务的感知。① 帕拉苏拉曼等人认为,消费者通常采用 5 个方面的测量尺度来评价服务质量:可靠性、移情性、有形性、响应性、保证性(见表 3-2)。

表 3-2　评价服务质量的 5 个测量尺度

测量尺度	定义
可靠性	可靠、准确地提供所承诺的服务的能力
移情性	关心顾客,并对顾客进行个性化照顾
有形性	物理设施、设备、员工及沟通材料的外观和外貌
响应性	乐于帮助顾客并为顾客提供快捷迅速的服务
保证性	员工的知识水平、礼貌水平;员工向顾客传递信心和激发顾客信任的能力

资料来源:Bowie, D., Buttle, F. (2004). *Hospitality Marketing:An Introduction*. Burlington, MA, USA:Elsevier Butterworth-Heinemann, p. 249.

采用 SERVQUAL 方法就是让消费者填写按照上述尺度设计的问卷调查表,然后通过统计计算得出消费者对服务质量的评价。其理论核心是"服务质量差距模型",即服务质量取决于顾客所感知的服务水平与顾客所期望的服务水平之间的差别程度(因此又称为"期望—感知"模型)。顾客的期望是开展优质服务的先决条件,提供优质服务的关键就是要超过用户

---

① 转引自〔英〕约翰·斯沃布鲁克,苏珊·霍纳. 旅游消费者行为学. 俞慧君,张鸥,漆小艳,译. 北京:电子工业出版社,2004,186,略有改动。

的期望值。简而言之,顾客对服务质量的感知就是其期望值与实际服务水平之间的差距,其模型为:SERVQUAL 分数＝实际感知分数－期望分数(如图 3-2 所示)。

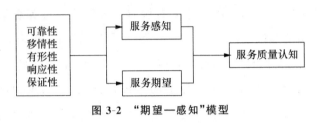

图 3-2 "期望—感知"模型

三、游客满意度

从知觉的角度,一个消费者可能会认为,一个服务性企业所提供的服务质量是"很好的",但是这个消费者在接受服务的过程中可能并不满意。在这个意义上,满意和服务质量属于不同的概念。满意是在享受服务的过程中产生的一个心理上的结果,而服务质量仅仅涉及对服务本身特性的判断。

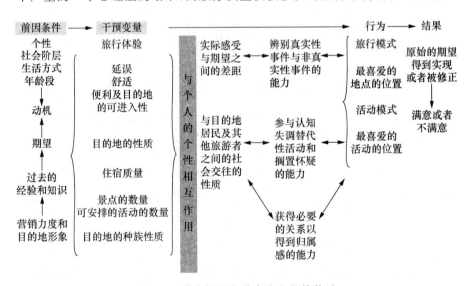

图 3-3 游客期望和满意度之间的关系

资料来源:Page, S. J., Connell, J. (2009). *Tourism: A Modern Synthesis* (3rd ed.). Hampshire, UK: Cengage Learning EMEA, p. 563.

瑞安(Ryan)认真研究了与旅游休闲相关的一些社会因素及个人的旅游休闲动机,从中找出了一些影响旅游休闲体验的因素,并确定游客的满意或不满意是这些因素相互作用的结果。游客满意的产生是一个连贯的过程,包括游客对休闲目的地最初的形象感知、随后产生的期望、发生的一系列行为以及最后获得的结果(满意或不满意)。这些环节之间通过一系列变量的相互作用以及游客对这些变量的反应而形成联动,构成游客满意产生的过程。图 3-3 展示了游客期望和满意度之间的关系。

第四节 旅游的社会文化影响理论

一、旅游的社会文化影响概述

外来旅游者和旅游目的地居民的交流必然会对旅游目的地的社会文化产生影响,同时旅游目的地的社会文化也会对旅游者本身产生影响,并通过旅游者将这些影响带到旅游客源地的社会文化生活中的各个领域。其结果是导致人们的价值观、信仰、习俗和行为等发生变化,这个过程被社会学家称为"涵化"(acculturation)。旅游的社会文化影响也具有两面性:既可能是有益的,是积极正面的,也可能是有害的,是消极负面的。该理论主要观点如下。

1. 旅游可以导致将文化事件转变为脱离了其内在含义的商品化产品或景观。旅游试图把文化变成供旅游者消费的产品,因此文化的真实价值受到了轻视。

2. 传统文化习俗对旅游者具有吸引力并能够激发本土居民的自豪感,因此可以获得来自各方面的资金支持,从而加强对传统文化习俗的保护和活化工作。

二、游客与目的地居民接触

在现实社会中,虽然旅游者会把旅游目的地的文化带回旅游客源地,从而对客源地的社会文化产生一定的影响,但是旅游的社会文化影响的最大效应往往发生和作用在旅游目的地,即外来旅游者通过与旅游目的地居民的直接或间接接触和交往,对目的地居民的社会价值体系和文化价值体系产生影响。图3-4概括了旅游者和目的地居民进行接触后相互产生影响的要素。

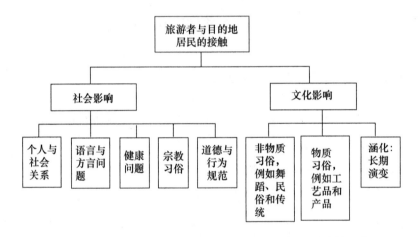

图 3-4 外来旅游者与旅游目的地居民接触后相互影响的要素
资料来源:Page, S. J., Connell, J. (2009). *Tourism: A Modern Synthesis* (3rd ed.). Hampshire, UK: Cengage Learning EMEA, p. 406.

旅游对目的地社会文化的影响程度,往往受客源地与目的地之间在社会文化方面的差异大小的制约。旅游客源地和旅游目的地之间在社会文化方面的差异越大,旅游的社会文化影响也就越大。反之,其影响也就越小(见图3-5)。

三、社会文化影响与目的地居民感知

对旅游目的地而言,外来文化的影响会随着来访旅游者数量的不断增

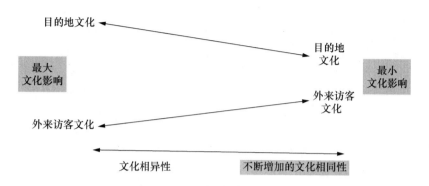

图 3-5 旅游对目的地文化的影响程度
资料来源:Page, S. J., Connell, J. (2009). *Tourism: A Modern Synthesis* (3rd ed.). Hampshire, UK: Cengage Learning EMEA, p. 409.

加而逐渐加大,外来文化的影响达到一定程度后,甚至会在某种程度上潜移默化地改变着当地固有的传统社会文化。旅游越成为大众旅游,其对目的地社会文化的影响就越深刻。但是当地居民对这些外来文化的感知程度却和外来文化对当地文化的影响程度成反比,即随着旅游目的地的发展,外来文化对目的地社区的影响会越来越大,但是当地居民对外来文化影响的感知程度反而越来越弱了。史密斯(Smith)将这种关系用重叠在一起的一个正三角形和一个倒三角形来表示(见图3-6)。

图3-6 中的两个三角形表示外来旅游者对目的地社区的社会文化影响程度与当地居民对外来文化的感知程度之间的关系,其中实线的正三角形表示,随着大众旅游的发展,外来旅游者对旅游目的地社会文化影响的程度逐渐加大。虚线的倒三角形表示旅游目的地居民对外来社会文化影响的感知程度逐渐降低。随着外来大众旅游者数量的不断增加,目的地居民对外来文化的神秘感变得越来越淡薄,对外来文化影响的感知程度也变得越来越弱。随着时间的推移,目的地居民甚至会对外来文化的入侵显得麻木不仁,视而不见,达到几近被同化的地步。

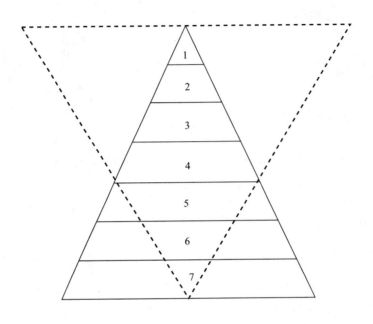

图 3-6 旅游者对目的地造成的社会文化影响与当地居民
对外来文化的知觉之间的关系

资料来源：Weaver，D.，Oppermann，M.（2000）. *Tourism Management*. Milton，Australia：John Wiley & Sons Australia，Ltd，p. 195，有改动。

第五节 旅游导致的社会文化商品化理论

一、社会文化商品化基本概念

旅游活动中的文化"商品化"（commodification）可以这样解释：为了满足旅游市场的潜在需要或者实际需要，旅游目的地的文化逐渐转变成可以销售的商品或者产品，这个过程被称为"商品化"。从经济的角度，商品化可能会被当作对旅游目的地的积极的影响因素，因为文化变成商品后可以转换成金钱价值。但是，当文化成为金钱交易的商品时，就难以保持其原有的模样。在商品化的过程中，文化的表现形式被粗俗化了，传统的民间

艺术被稀释了,当地居民对这些艺术形式的兴趣在减弱。

社会文化被商品化之后,为了满足旅游市场的需要,迎合来自异邦旅游者的口味,文化必然要发生变化和异化,这样,文化原有的内涵就会受到侵蚀或者被完全消灭。由旅游导致的文化商品化是一个渐进的过程,这个过程通常与旅游的发展相关联,文化商品化大致经历以下四个阶段(见图3-7)。

图 3-7 旅游导致的文化商品化过程
资料来源:Weaver, D., Lawton, L. (2006). *Tourism Management* (3rd ed.). Milton, Australia: John Wiley & Sons Australia, Ltd, pp. 276-277。

在文化商品化过程的第一阶段,在目的地社区中几乎看不到旅游者。偶尔见到的少数几个旅游者会被作为"尊贵"的客人,被邀请观看或者参加当地的一些真实的传统文化节事活动,参加这些活动是不收取任何费用的。

在第二阶段,越来越多的旅游者经常来访,因此,目的地居民对他们已经没有什么新鲜感了。这些旅游者得到允许,可以观看当地的一些传统文化习俗活动,但是要支付少量的费用。旅游者也能够以比较便宜的价格购买一些真实的传统文化艺术品。

在第三阶段,大量的旅游者有规律地定期访问目的地社区。为了吸引旅游者和满足他们的偏好,目的地社区对传统的习俗和庆典仪式进行了改革,使其更符合旅游者的口味。传统音乐或舞蹈的表演时间也按照旅游市场的要求进行安排。在这个阶段,人们重视的是旅游吸引物的表演性,而不是传统文化的真实性。各种表演项目的价格以旅游市场可以接受的程度为标准,如果可以接受,价格定得越高越好。

在第四阶段,商品化和现代化的进程共同产生影响,导致旅游目的地固有的传统文化的完整性完全消失。商品化延伸到文化的各个领域,导致目的地文化全方位的商品化。

二、前台与后台

由于认识到了文化商品化的危害,很多旅游目的地都采取了各种措施,试图最大限度地减少商品化进程对社会文化产生的消极影响。麦克坎内尔(MacCannell)提出的前台(frontstage)和后台(backstage)的模式是旅游目的地应对文化商品化并力图保持传统文化习俗的一种手段。[1]

在社会这个舞台上,前台指演员演出及宾主或顾客与服务人员接触和交往的地方,后台是一个封闭的空间,是演员准备节目的地方。因此,前台是为大众旅游者提供商业性民俗文化表演的场所,即商品化了的文化被当作"真实"的东西搬上舞台,向旅游者展示。为了保证前台表演的"真实性"和"可信度",就必须保证后台的"封闭性"和"神秘感"。前台的目的是为了保护后台,使目的地的传统文化免遭破坏。后台不对旅游者开放,主要供当地社区的居民在这里进行自己的民俗文化活动(例如节事活动、庆典仪式等)。目的地居民在后台展示和实践的是本社区的真实民俗生活,表现和保持着目的地社区的真实传统文化习俗。因此,从理论上说,只要目的地居民和旅游者双方都能够理性地保持和尊重前台和后台的界限,就可以从旅游活动中取得既能够获得经济利益又能够保持当地社区的原始生活方式和古朴民俗民风的双重效果。

第六节 多克西的"激怒指数"

多克西(Doxey)通过对巴巴多斯和西印度群岛等地的调查和研究,提出了旅游目的地居民的"激怒指数"(irridex)模式,将旅游目的地居民对旅

---

[1] MacCannell, D. (1976). *The Tourist: A New Theory of the Leisure Class*. New York: Schocken Books.

游活动和旅游者态度的变化过程分成五个典型阶段。这个"激怒指数"框架模式假设,旅游对目的地社区的影响可能会转变为当地居民的不满和过激情绪。随着旅游的发展,这种不满和抵触情绪会逐渐增强(见图3-8)。

图3-8 多克西的"激怒指数"模式
资料来源:Weaver, D., Lawton, L. (2010). *Tourism Management* (4th ed.). Milton, Australia: John Wiley & Sons Australia, Ltd., p. 251.

在"激怒指数"模式的第一阶段,目的地刚刚开发,旅游活动处于初始阶段,只有少数游客到达。目的地的居民不但从旅游者身上体验到新奇和友谊,还可以直接从旅游活动中受益,因此他们对旅游的态度,不论是心理上还是经济上,都是很"欣快"和愉悦的。

在第二阶段,随着旅游目的地进一步开发和发展,旅游者客流不断增加,目的地居民开始认为旅游活动和外来旅游者是理所当然的事情,并将其作为一种收入的来源,因此目的地居民把外来旅游者视为平常人,他们与外来旅游者的交往变得越来越正式化,旅游活动商品化的现象也日益变得明显。这时,目的地居民的态度变得"冷漠"起来。

在第三阶段,旅游目的地的社会、文化和环境承载力已经接近或达到饱和状态。旅游活动变成影响环境和居民日常生活的主要因素,因此目的地居民开始对旅游业的某些方面产生疑虑。目的地居民对旅游活动和旅游者产生了不满情绪和受到"烦扰"的心理感觉。

第四阶段是"对抗"阶段,在这个阶段,旅游目的地居民的"激怒"情绪发展到了顶点。他们公开表达对旅游者和旅游业的不满和不耐烦,认为旅游者是影响他们日常生活和导致环境恶化的罪魁祸首,并将旅游者当作他们盘剥和"宰客"的对象。

在最后一个阶段,目的地居民认识到,旅游是不可逆转的潮流,他们没有别的选择,只能面对现实采取措施,以适应旅游业的快速发展。其出路是"顺从"旅游潮流的发展,自我适应旅游活动对目的地社区所造成的巨大影响。

第七节 旅游承载力理论

对旅游承载力(carrying capacity)的定义,旅游界的学者有多种不同的表述。综合起来,其核心概念可以归纳为:在对旅游目的地不造成不可承受的损害、在不使旅游者的体验质量下降至不能接受的程度的前提下,某一个旅游目的地可以容纳旅游活动的最大规模。

佩奇(Page)认为旅游承载力的主要类型通常包括:物理承载力(physical)、感知承载力(perceptual)、经济承载力(economic)及生态承载力(ecological)(见图 3-9)。

库珀(Cooper)则从资源和管理的角度来解释旅游承载力。[1]

1. 物理承载力

物理承载力是指旅游目的地的空间及接待设施能够接待旅游者的最高数量。物理承载力相对比较易于直接进行测量,也比较易于进行规划和管理。

2. 环境或生物承载力

环境承载力是指在旅游目的地环境不受破坏或不遭到不可接受的扰乱的前提下,该目的地能容纳的最多来访旅游者数量。这是很难精确测量的一种承载力。在讨论和研究环境承载力时,应该关注整个生态环境系统,而不是某个独立或孤立的环境因素。

3. 心理或行为承载力

当旅游者的旅游体验的质量由于目的地的游客数量过多而大幅度下降时,心理承载力的极限就达到了。心理承载力是一种非常独特的、因人

---

[1] Cooper, C. (2012). *Essentials of Tourism*. Harlow, UK: Pearson Education Limited. pp. 40, 78-79.

物理承载力
衡量目的地能够接待的最高游客数量

感知承载力
衡量目的地在旅游者的体验不受负面影响的前提下能够接待的最高游客数量

经济承载力
衡量在游客活动对目的地经济不产生消极影响且旅游者仍然受到欢迎时目的地可以接待的最高游客数量

生态承载力
衡量目的地在环境不受影响的前提下能够接待的最高游客数量

图 3-9　旅游承载力的类型

资料来源：Page, S. J., Connell, J.（2009）. *Tourism: A Modern Synthesis*（3rd ed.）. Hampshire, UK：Cengage Learning EMEA, p. 460.

而异的概念，用管理和规划的手段对其进行控制并不容易。

4. 社会承载力

社会承载力的概念来自目的地社区的旅游规划和可持续性。"社会承载力"力图定义旅游目的地地区的居民和企业对旅游发展的接受程度，并试图运用技术手段测量当地居民接受旅游发展引起的社会变化的限度，例如"激怒指数"（irridex）。

5. 经济承载力

经济承载力是指在旅游目的地经济不受到负面影响的前提下，该目的地能够接待的最高来访旅游者数量。

旅游承载力的概念比较容易掌握，但是真正付诸实践却并不是一件容易的事。一个旅游目的地的旅游承载力的大小取决于多种因素,主要包括来自旅游者和目的地两方面的因素(见图3-10)。由于一个目的地的旅游承载力的指标包括多个部分组成,某个旅游目的地确定其旅游承载力时,可能会遇到一些困难。旅游目的地的一个方面的旅游承载力可能已经达到了极限,但是其他方面的承载力可能还不饱和。

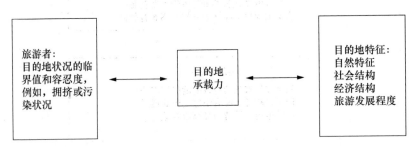

图3-10 旅游承载力的影响因素

资料来源:Cooper,C.(2012). *Essentials of Tourism*. Harlow,UK:Pearson Education Limited,p. 78.

第四章
旅游管理学基本理论(下)

第四章 旅游管理学基本理论（下）

本章继续介绍旅游管理学学科领域中的基本理论观点、理论模型。

第一节 旅游目的地生命周期模式

一、基本概念

巴特勒（Butler）于 1980 年提出了描述旅游目的地（或旅游度假地）生命周期的 S 型理论模型。巴特勒的旅游目的地生命周期理论模型将旅游目的地的发展分为五个阶段：探索期、参与期、发展期、固化期和停滞期（见图 4-1）。

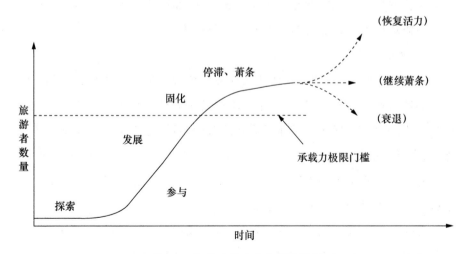

图 4-1 旅游目的地生命周期模型

资料来源：Butler，R. W.（1980）. The Concept of Tourist Area Cycle of Evolution：Implications for Management of Resources. *The Canadian Geographer*. 24(1)，5-12.

- 探索期

旅游目的地的探索期可以称为"前旅游时期",因为,在这个阶段不存在任何正规形式的"旅游"。目的地也没有专门针对旅游者的住宿服务设施,因此,外来访问者只能住在那些为当地人提供服务的住宿设施中。事实上,在世界范围内,由于大众旅游的迅猛发展,目前能够称得上处于"探索期"的旅游目的地已经所剩无几了。

- 参与期

参与期也称为导入期。在旅游目的地的这个阶段,外来旅游者的数量开始缓慢增长,为此,当地企业家开始建立数量有限的、专门针对外来旅游者的服务设施。这标志着旅游业的萌芽在目的地地区开始出现。在这个阶段,不论是旅游者的活动还是旅游业的小规模商业性活动都几乎不会对目的地的自然景观、人文景观或环境产生任何消极影响。

- 发展期

发展期的特点是旅游业增长迅速,旅游目的地旅游部门的各个方面都在短期内发生了巨大的变化。大量的旅游者涌入目的地,在旅游旺季,旅游者的数量达到或超过目的地的旅游接待能力。

- 固化期

固化期也称为稳定期,其特征是到访旅游者数量和其他与旅游相关的活动的增长速度开始下降,尽管旅游者的总量和其他相关旅游活动仍然在增长。旅游业的发展达到了非常成熟的阶段,目的地完全有机地融入了大规模、全球性的旅游系统中,旅游业在目的地的经济中起着举足轻重的作用。专门针对旅游者的人造娱乐吸引物的数量和重要程度都超过了目的地曾经引以为自豪的人文和自然景观。

在固化期,旅游发展的水平和规模都开始超过目的地的环境、社会、经济等方面的旅游承载力,因此旅游活动给目的地的整体环境带来了消极的影响,导致旅游产品的质量下降,旅游增长率减缓或停顿。

- 停滞期

停滞期也称为饱和期。在这个阶段,旅游者的数量达到最高点,目的地内与旅游相关的设施的发展水平也达到最高点。旅游目的地的接待能力出现了"过剩"现象,因此需要进行大量的促销活动来保持接待能力不闲置,这就会导致价格大战等激烈的商业竞争的出现,最终会使旅游产品质量进一步下降,或导致经营不善的旅游企业破产。在这个阶段,旅游目的地实际上对新游客已经失去了吸引力,并且面临着来自其他旅游目的地的竞争压力。

在理论上,停滞期可以无限期地存在,但是巴特勒认为,旅游目的地最终可能会朝两个不同的方向发展:衰退或恢复活力。

- 衰退

在旅游目的地的衰退期,旅游者的数量明显减少。很多过去的常客不再光顾,并开始寻找新的旅游目的地。其结果是旅游目的地原来以旅游业为主体的经济体系发生了根本变化,旅游业不再是主导性经济行业。

- 恢复活力

旅游目的地可以通过采取振兴措施使旅游目的地的旅游业恢复活力,重振雄风。旅游目的地要恢复活力,通常需要开发和引进全新的旅游产品,或者重新树立现有旅游产品的形象,以恢复目的地的竞争力和独特性。旅游目的地在这个阶段,不仅要保持原有的市场,还要寻求和开发新市场和新产品,力求稳定客源,最大限度地降低季节性的消极影响和对某些细分市场的过度依赖。

二、修正模式

尽管旅游目的地生命周期理论基本上符合各个旅游目的地的发展趋势,但是很多旅游理论研究者通过研究证明,旅游目的地生命周期理论在真实条件下的应用还是具有局限性的。巴特勒的旅游目的地生命周期理论模型可以被当作一个"理想的"理论模型,但是现实社会是不断变化的,是多样化的,因此这个理想的模型无法涵盖所有旅游目的地的全部条件。韦弗和劳顿针对巴特勒的旅游目的地生命周期的"理想"模型提出了两种修正模式(见图4-2)。他们认为,旅游目的地的旅游承载力极限门槛在旅游目的地的发展过程中起着至关重要的作用。

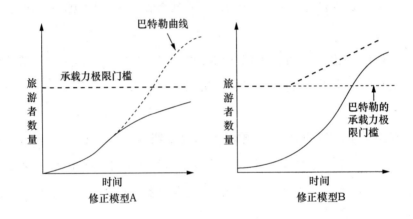

图 4-2 旅游目的地生命周期的修正模型

资料来源:Weaver, D., Lawton, L. (2014). *Tourism Management* (5th ed.). Milton, Australia: John Wiley & Sons Australia, Ltd. p. 299.

在旅游目的地生命周期的修正模型 A 中,目的地的旅游承载力极限门槛没有发生变化,但是对旅游发展的规模进行了控制,使之保持在现有的旅游承载力极限门槛之下,始终不超过旅游承载力极限门槛。在旅游目的地生命周期的修正模型 B 中,巴特勒的旅游目的地周期发展曲线没有发生变化,但是通过采取措施提高了旅游承载力极限的门槛,使之与来访旅游者数量增加的趋势保持一致。

第二节 可持续旅游理论

一、可持续旅游基本概念

从可持续发展的角度,可持续旅游的定义可以这样阐述:可持续旅游应该能够满足当代人类的旅游需要,同时又不损害人类后代满足其自身旅游需要的能力。因此,旅游的发展要保持旅游者所利用的资源和环境之间的和谐和平衡。可持续旅游是在努力维持一种平衡,即旅游目的地社区(包括当地居民)、旅游者和环境之间的平衡。为实现可持续旅游,目的地应采取跨学科的、综合性的方法来实现以下四个目标:

(1) 实现目的地的可持续运作;

(2) 当地社区的社会与经济效益最大化/负面影响最小化;

(3) 游客体验、文化传承与遗产保护效益最大化/负面影响最小化;

(4) 环境效益最大化/负面影响最小化。

因此,旅游目的地社区、旅游者和环境这三者之间的平衡关系及和谐发展是发展可持续旅游的核心。人们应该努力对这三个关系进行协调和平衡,以实现旅游效益的最大化和负面影响的最小化。

马勒(Muller)进一步将可持续旅游归纳为一个具有5个维度的模型(经济健康、游客满意、文化健康、自然资源保护、主观幸福感)(见图 4-3),如果这 5 个维度能够平衡发展,目的地的旅游活动就能够实现可持续发展。

可持续旅游的实施需要必要的管理工具,这些工具主要包括 6 个方面的内容(如表 4-1 所示)。

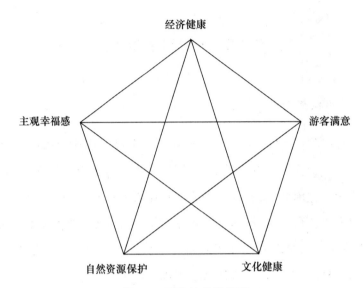

图 4-3 可持续旅游模型

资料来源:Muller,H.(1994). The Thorny Path to Sustainable Tourism Development. *Journal of Sustainable Tourism*. 2(2),131-136.

表 4-1 实施可持续旅游的管理工具

工具的类型	实例
命令与控制	法律法规及颁发执照 土地使用规划及土地开发控制
自愿性工具	认证计划与自我声明
私有部门	指导原则与行为守则 报告与审计 认证与生态标签 奖励计划 私有部门政策与协会
经济工具	税收与收费(尤其是依据污染者付费的原则收取费用) 签订财务协议与激励措施
支持性工具	提供基础设施与管理 扩大承载力 提供营销与信息服务

(续表)

工具的类型	实例
测量与监测工具	指标 基准 承载力

资料来源：United Nations World Tourism Organization（2005）．*Making Tourism More Sustainable*：*A Guide for Policy Makers*．Madrid，Spain：UNWTO．

二、可持续旅游指标

可持续旅游的概念确定之后，就需要选择和制定相应的标准，以确定某一个旅游目的地是否具有可持续性。为了了解可持续旅游在旅游目的地的发展状况，很多旅游研究人员和旅游管理者都力图找出能够衡量旅游目的地旅游发展的可持续性的"指标"。世界旅游组织为了衡量旅游目的地的可持续性确定了12个基本问题，并针对每个问题制定了若干指标，来测量这些与可持续旅游密切相关的基本问题。这12个基本问题包括：①

(1) 目的地对旅游的满意度；

(2) 旅游对目的地社区的影响；

(3) 游客的持续满意度；

(4) 旅游的季节性；

(5) 旅游的经济利益；

(6) 能源管理；

(7) 水的供应量及水资源保护；

(8) 饮用水质量；

(9) 污水处理（废水管理）；

(10) 固体废物管理（垃圾管理）；

(11) 开发控制（发展管理）；

---

① United Nations World Tourism Organization（2004）．*Indicators of Sustainable Development for Tourism Destinations*：*A Guidebook*．Madrid，Spain：UNWTO，p. 245．

(12) 控制使用强度。

指标的具体测量尺度可以采用定量方法,也可以采用定性方法(见表4-2)。旅游管理部门及旅游开发与规划部门可以依据这些指标的尺度,采取相应的措施,使旅游目的地的各项指标都保持在适宜的状态,从而使旅游的发展保持可持续性。

表 4-2 可持续旅游指标类别

测量尺度的类型	指标
定量尺度	数据:游客数量、住宿天数、碳排放量 比率:游客数量与居民数量之比 百分比:酒店入住率、接受培训的员工的百分比、游客数量的变化
定性尺度	类别指标:保护的程度 标准指标:是否制定了回收利用计划 名义指标:生态标签、认证计划 民意指标:游客的满意度、居民对游客的忍受程度

资料来源:United Nations World Tourism Organization(2004). *Indicators of Sustainable Tourism Development*. Madrid, Spain:UNWTO.

第三节 游客管理相关理论

一、游客管理的内涵

游客管理主要指旅游行政管理部门及提供旅游机会的旅游企业运用行政、法律、教育、经济、技术等手段对旅游者的旅游休闲机会和行为进行管理,其目的是在保持旅游资源的可持续发展(即不破坏旅游目的地的资源环境质量)的前提下,最大限度地满足旅游者的需求并为其提供高质量的旅游体验,同时实现旅游目的地的社会、文化、经济、环境的可持续发展,为目的地居民谋福祉。因此,游客管理的目标具有双重性:(1)保护资源;(2)为游客提供高质量的休闲体验。游客管理的手段主要包括三个方面

的努力:[1]

- 控制游客数量;
- 改变游客的行为;
- 使资源适应于游客数量。

二、游客管理的相关理论

游客管理作为一种管理理念,已为发达国家旅游目的地所广泛应用。从 20 世纪 60 年代起,西方国家的学者通过理论研究和实践探索,先后提出了一系列游客管理理论。这些游客管理的理论模式主要包括:

- 游憩承载力(Recreation Carrying Capacity,RCC);
- 游憩机会谱(Recreation Opportunity Spectrum,ROS);
- 可接受变化极限(Limits of Acceptable Change,LAC);
- 游客影响管理(Visitor Impact Management,VIM);
- 游客体验与资源保护(Visitor Experience & Resource Protection,VERP)。

1. 游憩承载力

任何旅游目的地都存在一个承载力的极限,如果不加以限制,让旅游活动任意发展和扩张,旅游的发展就可能会在空间和数量上超出目的地的经济、社会、生态环境等方面所允许的可持续极限。旅游活动规模和游客的数量超过这个极限后,就会对旅游目的地的各个方面产生消极影响。在这个意义上,游憩承载力成为旅游目的地开发和规划、旅游目的地管理领域中经常被关注的一个重要概念和变量。曼宁(Manning)认为游憩承载力是一个旅游区域在社会、环境和管理方面能够支持并持续不断地提供高质量的休闲活动的能力。[2]

---

[1] Mason,P. (2008). *Tourism Impacts,Planning and Management* (2nd ed.). New York,USA:Routledge,p. 137.

[2] Manning,R. E. (1999). *Studies in Outdoor Recreation:Search and Research for Satisfaction* (2nd ed.). Corvallis,OR,USA:Oregon State University Press.

2. 游憩机会谱

游憩机会谱(也称为"游憩机会序列")是一种游憩资源分类系统,是美国农业部林务局(US Department of Agriculture Forest Service)邀请学者克拉克(Clark)和斯坦基(Stankey)合作研究的成果。游憩机会谱的概念形成于1979年,其核心理论是,在满足游憩地的可持续发展的前提下,针对风景游憩地的不同环境资源特征为游客提供一个序列的不同游憩机会。[①]游憩机会谱综合考虑环境、游客活动、游客预期和管理角色等因素之间的关系,从行为学的角度,认为游憩环境具有物理、生物、社会及管理属性。

游憩机会谱将游憩地划分为6大类型:原始区、无机动车行驶的半原始区、有机动车行驶的半原始区、有道路的自然区、乡村区和都市区。

游憩机会谱的基本逻辑是人们为了达到满意的游憩体验,在喜爱的环境(物质环境、社会环境、管理环境)中参加喜爱的游憩活动。因此,游憩机会谱3个主要的组成部分是活动、环境和体验。游憩机会谱中的每个级别都根据游憩环境特点、管理力度、使用者团队的相互作用、人类改变自然环境的迹象、机会区域的规模以及偏远程度来确定。

3. 可接受变化极限

旅游活动在一定程度上必然会导致旅游目的地的资源环境质量下降。问题的关键是要为可容忍的环境改变设定一个极限。当一个地区的资源状况达到预先设定的极限时,必须马上采取措施,以阻止资源环境进一步恶化。基于这种认识,斯坦基等人于1985年提出了"可接受变化极限"的理论。[②]这个概念重视对旅游休闲地进行积极的规划和管理,预先防止对资源的不适当使用和过度使用,这样就可以避免采用补救措施和事后的管理措施。

[①] Clark, R. N., Stankey, G. H. (1979). *The Recreation Opportunity Spectrum: A Framework for Planning Management and Research* (Gen. Tech. Report PNW-98). Portland, OR, USA: USDA Forest Service.

[②] Stankey, G. H., Cole, D. N., Lucas, R. C., Peterson, M. E., Frissell, S. S. (1985). *The Limits of Acceptable Change (LAC) System for Wilderness Planning*. Odgen, UT, USA: USDA Forest Service.

可接受变化极限体系包括 4 个主要组成部分：
- 鉴定可以接受的和能够实现的资源状况和社会状况的标准；
- 对现有状况和判断为可接受的状况两者之间的关系进行分析；
- 确认为了实现这些条件必须采取的管理措施；
- 对管理的有效性进行监控和评估的方案。

如图 4-4 所示，制定"可接受变化极限"规划的过程包括 9 个主要步骤。

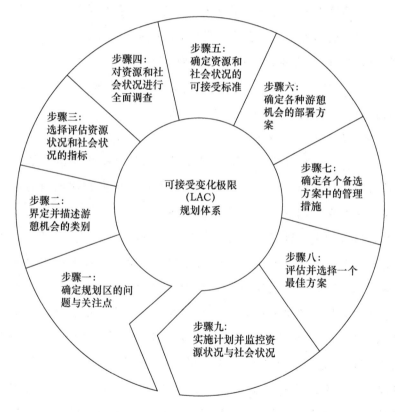

图 4-4　可接受变化极限(LAC)规划系统

资料来源：Stankey, G. H., Cole, D. N., Lucas, R. C., Peterson, M. E., Frissell, S. S. (1985). *The Limits of Acceptable Change（LAC）System for Wilderness Planning*. Odgen, UT, USA: USDA Forest Service.

4. 游客影响管理

游客影响也被称为游客冲击,指由于旅游者数量的增加而对旅游产生的显著的消极影响。从旅游目的地规划的角度,要采取必要的措施,以最大限度地减小游客对环境的冲击,为旅游者提供良好的预期体验,以可持续的方式使用资源,并提高目的地居民的福祉。"游客影响管理"是对"可接受变化极限"的进一步提升,这种方法重视对游客影响的管理,并加入了户外及自然空间管理过程中的主观性因素。

游客影响管理方法是由美国马里兰大学的学者与美国国家公园管理局和美国国家公园保护协会合作开发的,供美国国家公园管理局和国家公园保护协会使用。[①]这种方法重视与负面影响(冲击)相关的 3 个基本问题:易于出现问题的条件、潜在的产生因素和潜在的管理策略。如图 4-5 所示,游客影响管理方法包括 8 个基本步骤。

5. 游客体验与资源保护

游客体验与资源保护是美国国家公园管理局针对影响游客体验质量的环境容量等问题提出的解决方法。其基本理论依据是承载力的概念可以用来维护和保障国家公园内游憩资源的质量和游客体验的质量。游客体验与资源保护是一种规划和管理框架结构,其关注的焦点是游客使用游憩资源对游客体验和公园资源产生的影响。产生这些影响的主要原因包括游客行为、使用的层次、使用的类型、使用的时间安排以及使用的地点。

游客体验与资源保护框架由 9 个基本要素组成。虽然这些要素的范围、应用的顺序以及要完成这些要素所采用的特定方法会随着环境的变化而有所差别,但是所有这些要素都是实施游客体验与资源保护计划的必要组成部分。游客体验与资源保护框架力图提供一个供管理者做承载力决策时采用的具有逻辑性的依据。因此,在制定和实施游客体验与资源保护框架中所有要素的过程中,将所有决策都记录在案是十分重要的。

---

① Graefe, A., Kuss, F. R., Vaske, J. J. (1990). *Visitor Impact Management: The Planning Framework*. Washington, DC, USA: National Parks and Conservation Association.

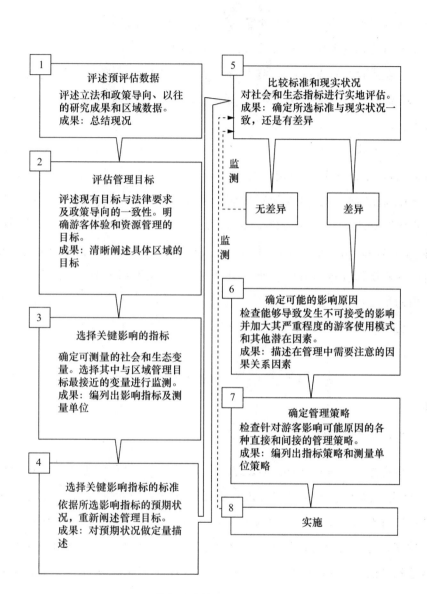

图 4-5　游客影响管理(VIM)系统过程图

资料来源：Timothy, D. J., Boyd, S. W. (2003). *Heritage Tourism*. London, UK: Pearson Education, p. 165, 略有改动。

当管理者需要做出有争议的决策时（例如是限制游客的使用量，还是加大开发的力度），这些记录在案的决策依据就更加重要了。①

游客体验与资源保护框架内的 9 个要素按照先后顺序分别被包括在 4 个环节之内。这 4 个环节分别是：建立框架、分析、具体对策、监控和管理。

除了上述的 5 个理论模式之外，国外还存在一些游客管理的理论模式或方法，例如澳大利亚制定的"旅游优化管理模式"（Tourism Optimization Management Model，TOMM）、加拿大国家公园管理局制定的"游客活动管理程序"（Visitor Activity Management Process，VAMP）和"游客风险管理"（Visitor Risk Management，VRM）等。这些理论模式虽然在研究背景、策略原则和操作程序等方面有所不同，但是其重要的共同关注点都是从游客管理的角度出发，建立反映游客体验质量和资源条件的指标体系，确定可以接受的最低标准，制定相应的监控及评估机制。

第四节 生态旅游相关理论

一、生态旅游基本概念

生态旅游（ecotourism）的概念最早由国际自然保护联盟于 20 世纪 80 年代初提出。②联合国环境规划署给生态旅游下的定义是："生态旅游是在纯自然的环境中进行的旅游。旅游者在旅程中会受到环境保护知识的教育。这种旅游对目的地的生态环境没有任何破坏作用。而且，它要求当地社区的更多参与并从中长期获益。"③而国际生态旅游协会（Interna-

---

① National Park Service. (1997). *The Visitor Experience and Resource Protection (VERP) Framework: A Handbook for Planners and Managers*. Washington, DC, USA: National Park Service, pp. 8-9.

② 〔澳〕戴维·韦弗. 生态旅游. 杨桂华，王跃华，肖朝霞，译. 天津：南开大学出版社，2004，3.

③ 张广瑞. 生态旅游：理论辨析与案例研究. 北京：社会科学文献出版社，2004，35.

tional Ecotourism Society)则将生态旅游定义为为了解当地环境的文化与自然历史知识有目的地到自然区域所做的旅游,这种旅游活动的开展是在尽量不改变生态系统完整性的前提下,创造经济发展机会,让自然资源的保护在经济上使当地居民受益。[①]

二、生态旅游者

从概念的角度,人们一直认为生态旅游者不是一个单一的、同质的群体,而是一个具有多样性的旅游者群体。根据环境、体验和动态组合,可以将生态旅游者分为以下3类。[②]

(1) 自助生态旅游者:虽然无法具体指出是哪些人,但是这是生态旅游者中比例最大的一个群体。这些人住在不同的住宿设施中,所游览的地点流动性很强,因此其旅游体验具有高度的灵活性。

(2) 团队生态旅游者:指团队旅游者到比较独特的目的地(如北极)去旅游。

(3) 学校团体或者科研团体:这类旅游者通常是进行某种科学研究的组织或个人,他们通常会在同一个地方长时间逗留,而且与其他生态旅游者相比,这类旅游者更能够忍受当地的恶劣条件。

而从时间、旅游体验和旅行行程的角度,则可以将生态旅游者划分为以下4个基本类型。[③]

(1) 中坚型自然旅游者(hard-core nature tourists):科学研究人员或者那些专门为教育、清理遗弃废物或其他类似目的而组织的旅游团的成员。

(2) 专一倾注型自然旅游者(dedicated nature tourists):专门参观游览保护区、希望了解当地的博物学知识和文化历史的旅游者。

(3) 主流型自然旅游者(mainstream nature tourists):这些旅游者去游

[①] 张广瑞. 生态旅游:理论辨析与案例研究. 北京:社会科学文献出版社,2004,35-36.
[②] 〔加〕戴维·A.芬内尔. 生态旅游. 张凌云,译. 北京:旅游教育出版社,2004,39.
[③] Lindberg, K. (1991). *Policies for Maximising Nature Tourism's Ecological and Economic Benefits*. Washington, DC, USA: World Resources Institute, p. 3.

览亚马孙河、卢旺达黑猩猩公园或其他旅游目的地,主要目的是进行与众不同的旅行。

(4) 随意型自然旅游者(casual nature tourists):这些旅游者在目的广泛的旅程中,偶尔也会感受一下大自然。

三、生态旅游活动

生态旅游活动可以划分为"硬"和"软"两大类型。但这里的"硬"和"软"只是一个连续线性坐标体的两个端点,这两大类别旅游活动的界限并不是绝对的泾渭分明。"硬生态旅游"强调以生物为中心(biocentric),是以生态保护为导向(preservation-orientation)的旅游实践,而"软生态旅游"则强调以人类为中心(anthropocentric),是以发展为导向(development-orientation)的旅游实践。[①] 表 4-3 从生态旅游强弱幅度的角度,列出了硬生态旅游者和软生态旅游者的主要特征。作为一种理想化的旅游方式,"硬生态旅游"强调,旅游者要亲身与大自然进行长时间的强烈接触。而"软生态旅游"的参加者与大自然接触的时间比较短、频次比较多,他们通常把与自然的接触当作一次多种目的旅游体验的一个组成部分。尽管这些旅游者也对旅游吸引物抱有鉴赏的态度,也乐于学习可持续发展的概念和实践,但是他们内心中的环境意识还不够强烈。

表 4-3 理想型硬生态旅游者和软生态旅游者的特征

硬生态旅游者	软生态旅游者
生态旅游的幅度	
强烈的环保承诺	适度的或者肤浅的环保承诺
强化的可持续性	稳定状态的可持续性

---

① Hunter, C. (1997). Sustainable Tourism as an Adaptive Paradigm. *Annals of Tourism Research*, 24(4), 850-867.

(续表)

硬生态旅游者	软生态旅游者
专业化的旅行	综合性旅行
长途旅行	短途旅行
小型旅行团	大型旅行团
积极的身体活动	消极的身体活动
挑战身体	身体舒适
不期望有服务设施	期望有服务设施
与大自然进行深入的互动	与大自然进行浅显的互动
重视个人的体验	重视自我修炼
自我安排旅游行程	依靠旅行社安排旅游行程

资料来源：Weaver, D. (2008). *Ecotourism* (2nd ed.). Milton, Australia：John Wiley & Sons Australia, Ltd., p. 44.

生态旅游的"软"和"硬"的尺度可以用一个倒三角形表示（见图4-6）。从旅游市场的角度来看，软生态旅游的范围要远远大于硬生态旅游。旅游者的人数随着生态旅游向"软"方向的发展而增加，而随着旅游者人数的增加，这些旅游者对人造环境（例如酒店、交通设施及其他生活和旅游服务设施）的依赖程度也变得越来越高。生态旅游越向"软"的方向发展，其博物学的范围在整个生态旅游活动中所占的比例就越小，旅游活动的范围越大，种类也越多样化。反之，随着生态旅游向"硬"的方向发展，其博物学范围在整个生态旅游活动中所占的比例则变得越来越大。图4-6也显示，生态旅游越朝着"硬"的方向发展，其旅游活动就越专门化，旅游者对生态前景的期望值也越高，旅游者与大自然接触的时间也越长。

四、生态旅游管理

从管理的角度，我们应该在生态旅游整体框架（见图4-7）下，对生态

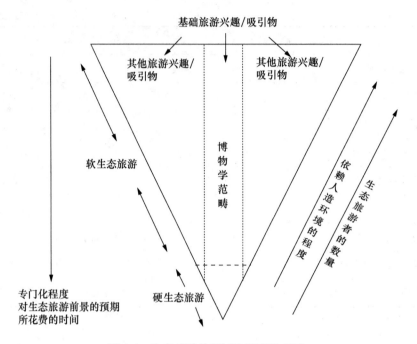

图 4-6 生态旅游的"软"和"硬"的尺度

资料来源：Fennell, D. A. (2002). *Ecotourism Programme Planning*. Wallingford, UK: CAB International, p. 18.

旅游业和生态旅游活动进行全方位的综合管理，包括旅游经营、政府的政策导向、旅游资源管理（以体验为主体的旅游资源）、与社会发展相适应的整体旅游服务行业、以营销和游客管理为基础的游客体验管理等。其中，旅游资源和旅游者是生态旅游管理中所涉及的诸多元素的核心内容。

生态旅游的概念通常具有很强的理想主义色彩，在具体的生态旅游实践中，往往存在一定程度的危险性和局限性。因此，在开发和规划生态旅游项目的过程中，对以下问题应该给予充分的重视。

1. 生态旅游目的地的人口密度通常比较低，而这里的大多数人基本上依靠消耗自然资源来维持生存。引进旅游业后，就会出现旅游业消耗自然资源的危险，而旅游的发展也会造成对自然资源的过度消耗。当地居民

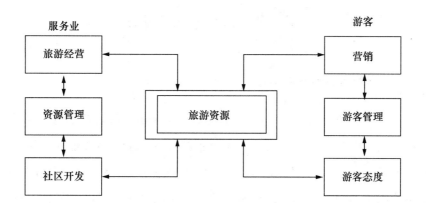

图 4-7　生态旅游整体框架

资料来源：〔加〕戴维·A.芬内尔.生态旅游.张凌云,译.北京：旅游教育出版社，2004,25。

与旅游者共同争夺当地稀缺的自然资源,因此会阻碍自然环境的健康发展。

2. 大多数人对旅游者对偏远地区、自然区域、原始区域和其他未开发的自然区域所造成的影响了解甚少,对此也没有前人的系统知识可以借鉴。因此,制定生态旅游开发和土地资源管理的决策基本上都缺乏理性的科学依据。生态旅游目的地必定会面临旅游者过度到访的危险,因此旅游承载力的确定和对其进行强化管理是生态旅游目的地需要关注的一个重要问题。

3. 旅游是一个包括多个领域的行业,因此对其进行全方位的控制是非常困难的。一开始规划得很好的生态旅游项目,随着旅游的迅速发展,很可能会转变成为过度普及的大众历险旅游活动,从而毁坏这个旅游目的地的生态。因此,生态旅游的发展一定要坚持适度的原则,一定要有别于标准化的大众旅游活动。

第五节 志愿者旅游理论

一、志愿者旅游基本概念

志愿者旅游(volunteer tourism 或 voluntourism)就是将志愿者服务与旅游休闲活动结合在一起的一种新的旅游形态。在志愿者旅游过程中,旅游休闲者在旅游目的地除了提供一定的志愿者服务之外,还会有机会参加旅游休闲活动。旅游休闲活动通常被认为是旅游休闲者出于利己的目的,在脱离了社会和政治义务的一段时间内所进行的娱乐、消遣及愉悦活动。志愿者旅游则是出于帮助他人的愿望而进行的与自身的旅游休闲行为相关的利他活动。志愿者服务工作也往往是间隔年(gap year)的主要活动内容,因此在很大程度上,志愿者旅游或者工作假期通常是青年人在间隔年活动中的主要或重要选择。

国际志愿者旅游组织(VolunTourism)对志愿者旅游的定义是:志愿者旅游主动、持续地将志愿者服务与旅游目的地以及目的地中那些与旅游休闲活动相关的最好的、传统的因素有机地结合在一起,这些最好的、传统的因素包括艺术、文化、地理、历史和休闲消遣。①

二、志愿者旅游与替代性旅游

替代性旅游是改变适应型旅游理论观(adaptancy perspective)提出的一种"理想的"小规模旅游模式,它强调人与环境的协调发展,提倡发展适应环境资源的小规模旅游休闲活动,反对大众旅游时代的那种福特主义模式的大规模、标准化的旅游休闲产品。②韦尔林(Wearing)认为志愿者旅游

---

① [2015.12.11]http://www.voluntourism.org/index.html.
② 李昕.旅游管理学(第三版).北京:中国旅游出版社,2012,270.

在替代性旅游的范畴内涵盖了多种不同的利基旅游市场(如图 4-8 所示),因此,志愿者旅游可以被认为是强调可持续性、负责性、教育性、科学性、历险性及生态性的替代性旅游休闲模式。

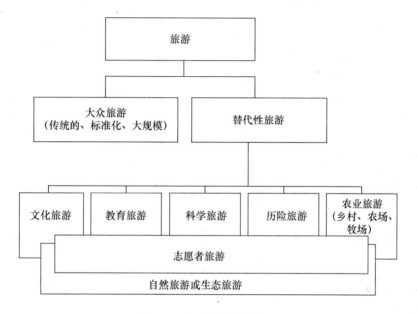

图 4-8　志愿者旅游的范畴

资料来源:Wearing, S. (2001). *Volunteer Tourism*:*Experiences That Make a Difference*. New York, USA:CABI Publishing, p. 30.

三、志愿者旅游的影响

麦吉(McGehee)和安德雷克(Andereck)在其他学者研究的基础上,综合概括了志愿者旅游对目的地社区产生的潜在积极影响和消极影响(见表 4-4)。从表 4-4 可以看出,所罗列的这些潜在影响既涉及志愿者旅游者本身,也涉及目的地地区的社会、环境及居民。

表 4-4　志愿者旅游对目的地社区产生的潜在影响

积极影响	消极影响
志愿者旅游者与其志愿服务的对象之间的跨文化交流可以增进双方的相互了解	志愿者旅游者为目的地居民提供的物质和技术援助可能被误认为是施舍或同情
志愿者旅游者可以更好地了解当地的行动与全球效应之间的联系	志愿者旅游者可能会消耗本应属于当地居民的宝贵资源
志愿者旅游者通过直接的观察，可以增进对国际问题（例如边界问题、环境问题等）的理解	如果在到访之前没有向目的地居民进行简要的介绍，志愿者旅游者的行为可能会对当地社区的文化产生负面影响，也可能会冒犯当地居民
志愿者旅游者返回常住地后，可能会受到激发而更多地参与环境保护团体和社会工作团体的工作	与大众旅游一样，如果超出旅游承载力，就会对环境和生态产生破坏作用
可以提高目标群体与目的地社区的生活质量	志愿者旅游活动可能会伤害当地居民的尊严
通过直接向目的地社区注入资源及减少漏损，志愿者旅游可以给目的地社区带来比大众旅游更多的经济利益	当目的地居民开始依赖志愿者旅游者对其社区提供经济援助时，社区就会产生一种依赖的环境
志愿者旅游者能够在那些得到政府和私人财务支持最少的领域中，对一些社会项目提供补贴	志愿者旅游可能会使目的地居民感觉到其尊严和自尊受到伤害
志愿者旅游者能够为那些缺少志愿者服务文化的目的地居民提供志愿者服务	依赖的环境和沮丧的环境可能会转移给下一代人，因此会持续不断地出现问题

资料来源：McGehee, N. G., Andereck, K. (2008). "Pettin" the Critters': Exploring the Complex Relationship between Volunteers and the Voluntoured in McDowell County, West Virginia, USA, and Tijuana, Mexico. In K. D. Lyons, S. Wearing (eds.). *Journeys of Discovery in Volunteer Tourism*. pp. 12-24. Cambridge, MA: CABI Publishing, 略有改动。

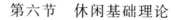

第六节 休闲基础理论

一、休闲基本概念

从社会学的角度来看,工业社会必然会发展成为休闲社会(leisure society)。在这个社会中,人们工作时间减少,会有更多的休闲时间。休闲具有三种不可分的功能:放松、娱乐和个人发展。放松是休闲的开始,因为人们需要消除疲劳;娱乐提供了休闲的转移功能,让人们的头脑暂时脱离自身和所关注的事务;个人发展是休闲能够持续的一个因素,休闲使人们视野开阔,让生命更有意义。换句话说,休闲是个人解放的活动,让人们从功利的、现实的世界解脱出来,能够有时间获得资讯,发展新观点,让情绪的深度和广度加大,并在休闲领域中超越生存温饱的局限,进而发现真正的自我。

佩奇(Page)和康奈尔(Connell)认为,很多研究者和研究机构都倾向于模糊休闲(leisure)、消遣(recreation)和旅游(tourism)之间的界限,因为这些概念实际上通常是相互关联、相互重叠的。他们从区分的角度,对休闲、消遣和旅游的概念作出如下界定:

• 休闲是人们通过自由地支配其可以自由支配的时间所获得的时间、活动和体验;

• 消遣与人们在其休闲时间里所从事的可以恢复精力和体力的活动相关;

• 旅游则要求人们来到一个目的地(至少要离开常住地 24 小时,并在此地过夜),在这里进行休闲和消遣活动。

在这个意义上,可以把休闲当作一个连续体,而消遣和旅游则包括在这个连续体之中(如图 4-9 所示)。在一定意义上,"休闲"与"旅游"存在某些共同点,也就是说"人们从世俗中解脱出来,按照自己喜爱的方式度过一段时间,并从中获得意义与价值"。休闲与旅游在内涵上的重合,决定了旅游必然具有休闲的特性,因此可以将旅游看作一种休闲方式。

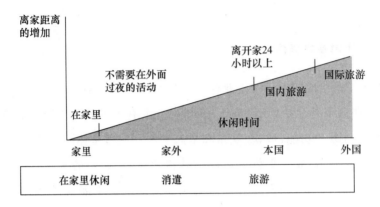

图 4-9 休闲连续体

资料来源:Page, S. J., Connell, J. (2009). *Tourism: A Modern Synthesis* (3rd ed.). Hampshire, UK: Cengage Learning EMEA, p. 9.

二、休闲的类型

美国学者斯特宾斯(Stebbins)根据人们参与休闲活动所投入的程度以及休闲项目的性质,将休闲划分为三种类型:闲逸休闲(casual leisure)、深度休闲(serious leisure)和项目型休闲(project-based leisure)(见图 4-10)。[1]

1. 闲逸休闲

闲逸休闲也可以称为随性休闲。随性休闲是人类的一种本能,不需要进行培养。其参加者在短时间内从事愉快的活动,可立即获得自己内在所需的愉快体验及有益的感觉。参加者只需要很少的训练,甚至不需要任何训练,就可获得愉悦的感受或者享受。人们通过闲逸休闲可以获得很多益处,主要包括创造力或新发现,寓教于乐,恢复、休息,人际关系的维持及发

---

[1] Stebbins, R. A. (1997). Casual Leisure: A Conceptual Statement. *Leisure Studies*, 16(1), 17-25;Stebbins, R. A. (2007). *Serious Leisure: A Perspective for Our Time*. New Brunswick, NJ: Transaction Publishers.

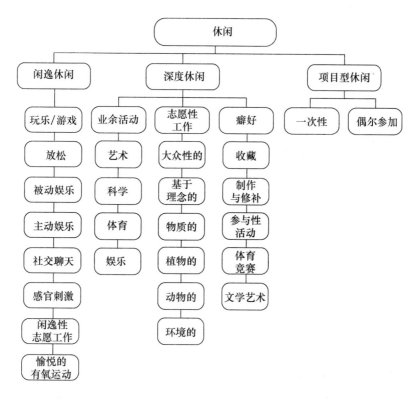

图 4-10 休闲类型图

资料来源:[2015.7.20]http://www.soci.ucalgary.ca/seriousleisure/Descriptive-Pages/SLPDiagram.htm,略有改动。

展,心灵安适与良好的生活品质,等等。

2. 深度休闲

深度休闲也可以称为认真休闲。这是人们有系统地从事的一种活动,投入如事业般的专注,并借此机会获取和展示特殊的技巧、知识及经验,使得参与者获得充实及有趣的感受。在这种类型的休闲中,休闲活动的参与者有系统地从事业余、癖好和志愿性的活动,参与者因其活动的错综复杂性、丰富性、趣味性与挑战性而深受吸引,并凭借自己克服困难、坚忍不拔的意志而持续稳定地参与,通过这样的休闲活动获得技能、知识或经验。

斯特宾斯将深度休闲归纳为三种形式：业余活动、癖好和志愿性工作。因此，深度休闲是业余爱好者、兴趣爱好者和志愿者的坚定追求。

3. 项目型休闲

项目型休闲活动的参与者需要一定的计划、努力和精神，有时还需要些许技术和知识才能参与，但是这种活动并不是深度休闲。参与者也不会刻意将这种休闲培养成为深度休闲活动，因为此种类型的活动若长时间地持续参与，会使参与者感到无聊而放弃。项目型休闲还可以进一步分为一次性活动和偶尔性活动。例如，偷偷地替朋友筹划设计一个生日派对，准备给朋友一个惊喜之类的出于自发性与义务性的活动就属于项目型休闲。

第七节 特殊事件与事件管理基础理论

一、基本概念

在旅游研究中，人们通常把节庆（festival）和特殊事件（special event）合在一起作为一个整体来讨论，即 Festival and Special Event（FSE），可以翻译为"节日和特殊事件"，即"节事"。会展产业（MICE），即 M（Meeting，泛指会议）、I（Incentive travel，奖励旅游）、C（Convention，大型会议）和 E（Exhibition，展览会），也通常被称为"事件"并与 FSE 一起讨论。

盖茨认为，节事活动或特殊事件的定义可以从两个方面来理解：组织者的角度和游客的角度。[①] 从组织者的角度，特殊事件是发生在事件的主办者和组织者正常的项目和活动之外的一次性或者非经常性的活动。从游客的角度，特殊事件是正常的选择之外或者日常体验之外的休闲、社交和文化体验机会。

---

① Getz, D. (2005). *Event Management and Event Tourism* (2nd ed.). New York, USA: Cognizant Communication Corporation.

大多数事件活动都是预先策划的,都会唤起人们的某些预期和期望,事件活动的原动力通常来自庆祝性的动机。[1]这就意味着事件活动一定要为参加者提供具有独特性或者特殊性的体验,这种体验一定要不同于其日常的休闲体验。只有这样,事件才有可能对各种不同动机的人都产生巨大的吸引力。因此,为事件创造独特性对事件的成功来说极其重要。

二、按照规模对事件进行分类

事件可以按照其规模(包括参加人数、媒体形象、基础设施规模、成本、收益)进行分类(如图 4-11 所示),通常分为四个类别:大型事件(mega-event)、标志性事件(hallmark event)、主要事件(major event)、地方或社区事件(local or community event)。

- 大型事件

大型事件对经济产生巨大影响,引起全世界新闻媒体的关注。其来访者通常超过 100 万人,其资本成本至少为 5 亿美元。大型事件可以极大地促进当地旅游业的发展,产生大规模的媒体覆盖率,具有很高的声望,对目的地产生巨大的经济影响。

- 标志性事件

标志性事件通常通过展现特定的精神和风貌将其与一个目的地城市或地区的名字连在一起。这种节事活动可以是一次性的,也可以是每年重复举办的,其主要目的是提高旅游目的地的知名度、旅游吸引力和通过增加来访游客人数而获得经济利益。

- 主要事件

虽然主要事件的规模和媒体关注度不如大型事件,但是也可以吸引很多外来游客,其媒体覆盖率也很大,也能够获得足够大的经济利益。

---

[1] Goldblatt, J. (1990). *Special Events*. New York, USA: Wiley.

- 地方或社区事件

地方性或者社区事件主要指那些以本地居民为目标的社交性、娱乐性节庆活动,地方政府通常以社区发展和文化发展为目的支持这些活动。虽然这类事件常常也预设一些经济目标,但是事实上这类事件通常都被认为是不以营利为目的的活动。

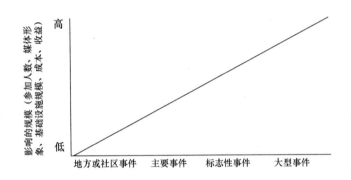

图 4-11　事件的规模

资料来源:Allen, J., O'Toole, W., Harris, R., McDonnell, I. (2011). *Festival & Special Event Management* (5th ed.). Milton, Australia: John Wiley & Sons Australia, Ltd., p. 12.

三、事件的影响

事件的影响几乎涵盖了事件举办地(目的地)人们生活中的所有方面。研究者通常从 4 个角度对事件的影响进行分析:社会文化影响、经济影响、环境影响和政治影响。这些影响既涉及积极的影响,也涉及消极的影响(见表 4-5)。事件的主办者或承办者,尤其是事件举办地政府,在制定事件策略时都希望最大限度地扩大事件活动的正面影响,尽最大努力减少或消除事件活动的负面影响,以使事件目的地的人民和事件各方面的利益相关者在整体上感受到事件的正面影响。因此,如何平衡一个事件的正面影响和负面影响是事件策划者在事件策划中要关注的重要问题。

表 4-5 事件的影响

事件的影响	积极影响	消极影响
社会文化影响	• 分享体验 • 恢复传统 • 提高社区的自豪感 • 提高社区的认同感 • 提高社区的参与性 • 引进新鲜并具挑战性的观念 • 扩大文化视野,增进人们对目的地文化的了解	• 引起社会秩序混乱 • 操纵利用社区 • 社区的消极形象 • 引发破坏行为和不良行为 • 滥用财物 • 丧失社会的舒适感 • 基础设施建设引起的社会问题,例如拆迁、失地等 • 社区抵制旅游 • 丧失真实性
经济影响	• 目的地促销,提高游客来访率 • 延长游客停留时间 • 增加旅游收入 • 增加税收 • 增加商业机会 • 商业活动 • 增加就业岗位	• 零售物价上涨 • 房地产价格上涨 • 机会成本 • 财务管理不当 • 经济损失
环境影响	• 展示优良环境的样本 • 树立环境典型 • 提高环境意识 • 增加治理环境的资金投入 • 提高交通运输和通讯能力 • 城市改造和复兴	• 破坏环境 • 废弃物污染 • 毁坏历史遗产 • 噪音和空气污染 • 交通阻塞 • 过度消费当地的资源 • 修建基础设施过度占用绿地
政治影响	• 提高国际声望 • 改进形象 • 促进投资 • 社会和谐 • 提高政府的管理能力	• 有事件失败的风险 • 资金分配失误 • 缺少责任感 • 过度宣传 • 丧失社区所有权和控制权

资料来源:Allen, J., O'Toole, W., Harris, R., McDonnell, I. (2011). *Festival & Special Event Management* (5th ed.). Milton, Australia:John Wiley & Sons Australia, Ltd., p. 61,略有改动。

第五章
旅游管理学关键术语

第五章 旅游管理学关键术语

旅游管理学研究领域所涵盖的具有本学科特色的独特术语体系,既是学科发展、成熟的标志,也是学习旅游管理学必须要掌握的基础知识。本章介绍旅游管理学学科领域的关键术语。

大众旅游(Mass tourism)

通常指第二次世界大战结束之后兴起的、以劳动阶层和中产阶层为主体的、以休闲为目的在国际和国内从事的大规模旅游活动,其特点是旅游者数量众多并能够使旅游目的地迅速达到饱和状态。大众旅游对旅游系统(尤其是旅游目的地)的影响是旅游管理学探讨和研究的重要内容之一。

分时度假(Timeshare)

指一个人在每年的特定时期(一个月或若干星期)对某个度假资产(酒店、别墅等)所拥有的所有权或使用权。分时度假资产拥有者可以选择在预定的期间住在他们的分时度假资产里,或者出租给其他人。

国民幸福指数(Gross National Happiness,GNH)

这是不丹政府用于衡量人们对自身生存和发展状况的感受和体验——即人们的幸福感——的一种指数。该指数的制定基于四项原则:社会平等、环境的可持续、文化保护、政府善治。不丹采取了一种限制规模的旅游发展模式,即限制入境旅游者的总数,实行"高质量、高价格、全包价"的做法。政府对旅游经营者制定了工作手册,对旅游者有行为规范。其宗旨是保持旅游业稳定、可持续地发展。

涵化（Acculturation）

涵化是指在旅游活动过程中，异质的文化接触引起原有文化模式的变化。外来旅游者和旅游目的地居民的交流必然会对旅游目的地的社会文化产生影响，也会对旅游者本身的文化产生影响，并通过旅游者将这些影响带到旅游客源地的社会文化生活的各个领域。其结果是导致人们的价值观、信仰、习俗和行为等发生变化，这个过程被社会学家称为"涵化"。

黑色旅游（Dark tourism）

黑色旅游的概念最早由伦侬（Lennon）和弗利（Foley）提出，指旅游者参访的地点曾经发生过战争、死亡、灾难、邪恶、残暴、大屠杀、政治谋杀、恐怖事件等悲剧性事件。旅游者参观这样的地点会从中得到启发、思考和教育。

基础设施（Infrastructure）

基础设施指满足当地居民基本生活需要的设施，包括供水系统、污水处理系统、燃气管道、供电线路、排水系统、道路、通讯网络以及商业设施等。虽然基础设施对来访旅游者十分重要，但是其基本功能是满足当地居民的日常生活需要。与其对应的概念是上层设施。

家庭生命周期（Family Life Cycle，FLC）

指传统的核心家庭从组成到结束所经历的一系列阶段。从旅游管理的角度，可以分析家庭生命周期中的不同阶段与家庭成员的不同旅游行为的相关性。家庭生命周期通常被当作旅游市场细分的一个变量。

间隔年（Gap year）

间隔年也称为"空档年"，是西方社会根据近代青年旅行方式变迁总结出来的概念。其含义是：西方国家的青年在升学或者毕业之后、正式参加工作之前外出进行的一次比较长时间的旅行（通常是到国外旅行），目的是让青年人在步入社会之前体验与自己的社会环境不同的生活方式。在间隔年期间，青年人离开自己的国家进行旅行，通常也适当做一些与自己的专业相关的工作或者作为志愿者在一些非政府组织中工作。间隔年期间的活动既包括旅游、休闲、认识外部世界，也包含大量的志愿者工作。

利基旅游（Niche tourism）

作为"大众旅游"的对立面，"利基旅游"也可以称为"小众旅游"，即面向特定或者专业性的需求而且市场比较小的旅游类型。在当今世界日益全球化的过程中，旅游的同质化程度也日益增加，而利基旅游代表着多样性、差异性。对旅游者而言，利基旅游意味着更符合自己的特定需要、更有意义的体验。对目的地的管理者和规划者而言，利基旅游也为其提供了更多的机会，可以开发出更具可持续性、较少破坏性并能够满足少数高端（高消费）旅游者需要的利基旅游产品。

绿色环境观（Green paradigm）

与西方人本环境观（dominant western environmental paradigm）相反，绿色观念认为，人类是自然的一部分，与自然是平等的，因此，人类为了自身的生存需要，应该依赖自然环境中其他的有机组成部分。绿色观念强调未来的不可预见性，追求维持现有状态的稳定和活力，而不是线性的前进和发展。绿色环境观是可持续旅游管理领域中的重要理论基础之一。

旅游产品（Tourism product）

从旅游管理学的角度，旅游产品可以定义为：旅游吸引物与旅游业有机结合的产物即为旅游产品。

旅游乘数效应(Tourism multiplier effect)

旅游乘数效应是指由于旅游消费而引起的国民经济各个部门相关经济量的最终增加。通常旅游经济活动因为其综合性部门间的关联性较强,旅游乘数效应要大于其他行业的乘数效应。

旅游承载力(Carrying capacity)

旅游承载力的核心概念可以简单地归纳为:在对旅游目的地不造成不可承受的损害、在不使旅游者的体验质量下降至不能接受的程度的前提下,某一个旅游目的地可以容纳旅游活动的最大规模。旅游承载力通常包括5个方面的内容:空间、心理、经济、环境及社会承载力。

旅游目的地形象(Destination image)

旅游目的地形象是旅游者或潜在旅游者对旅游目的地的总体认识、评价,是对旅游目的地社会、政治、经济、文化、旅游业发展等方面的认识和观念的综合,是旅游目的地在旅游者或潜在旅游者头脑中的总体印象。

旅游收入漏损(Revenue leakages)

旅游收入漏损是一种间接的旅游经济代价,能够侵蚀旅游目的地的旅游收入乘数效应。其原因是目的地为了满足旅游者和旅游业的需求,需要进口一些本地无法提供的商品和服务。旅游收入漏损通常发生在经济规模比较小的旅游目的地国家,因为这些国家的工业基础比较薄弱,没有能力提供旅游者和旅游业所需的主要商品和服务设施。

旅游市场(Tourism market)

从旅游管理学的角度来看,旅游市场可以界定为参与与旅游相关的旅行活动的旅游消费者的总和,因此旅游市场的核心是旅游消费者。

旅游卫星账户(Tourism satellite account)

旅游卫星账户又称为旅游附属账户,是一种宏观统计计量方法。它是以国民经济核算为统计基础,按照国际统一的国民账户的概念和分类标准,在国民经济核算总账户下单独设立的一个子系统。这样便可以准确地测量旅游业对GDP的贡献率,并且使旅游业可以和国民账户中的其他经济部门进行比较。

旅游业(Tourism industry)

旅游业的定义可以简要概括为:全部或者主要为旅游消费者生产产品和服务的工业和商业活动的总和。旅游业的主要行业部门包括:住宿业、交通运输业、餐饮业、旅行代理商(零售商)、旅游经营商(批发商)、旅游吸引物及旅游相关产品生产及供应商。

旅游资源(Tourism resources)

旅游资源是指自然界和人类社会中凡能对旅游者产生吸引力、能激发旅游者的旅游动机、具备一定旅游功能和价值、可以为旅游业开发利用并能产生经济效益、社会效益和环境效益的事物和因素。

麦当劳化(McDonaldization)

麦当劳化这个概念首先由美国社会学家乔治·里兹(George Ritzer)提出,指的是这样一种过程:快餐业的一些原则在全球化的背景下,正在主导美国社会以及世界其他地方越来越多的部门。旅游体验的麦当劳化主要指在全世界范围内提供标准化的酒店住宿、餐饮、旅游吸引物等旅游体验。

葡萄酒景观(Winescapes)

由葡萄种植园、葡萄酒庄及其他与葡萄栽培和葡萄酒生产相关的事物组成的文化景观，可以向旅游者展示并让其体验葡萄园、葡萄酒庄、葡萄栽培技术和葡萄酒的生产过程。这既是一种以葡萄酒为核心的美食旅游形式，也可以认为是工业或农业旅游的一种形式。

企业环境管理（Corporate environmental management）

指大型企业通过环境审计和设定提高环境绩效目标的方式来管理企业对环境的影响的过程。旅游企业环境管理通常与履行企业社会责任密切相关。

企业社会责任（Corporate Social Responsibility，CSR）

从旅游管理的角度来看，企业社会责任指旅游企业的运营必须要符合可持续发展的原则，以对社会负责和对环境负责的方式运营是企业的道德责任。人们越来越认识到，把旅游企业的社会责任（绿色环境观）和自身的利益（西方人本环境观）结合在一起是旅游企业必须履行的责任。

上层设施（Superstructure）

上层设施的建设主要针对外来旅游者的需要，指支持外来旅游者进行旅游活动的一些设施，包括酒店、餐馆、会议中心、汽车租赁设施、娱乐设施以及大型购物中心等。与其相对的概念是基础设施。

生态足迹（Ecological Footprint，EP）

生态足迹的含义是：要维持一个人、地区、国家的生存所需要的或者能够容纳人类所排放的废物的具有生物生产力的地域面积。利用生态承载力与生态足迹之间的差值可以判断和衡量一个区域可持续发展的程度。当生态承载力大于生态足迹时，当地的生态足迹为正值，生态盈余，说明该区域处于可持续发展状态；反之，当生态承载力小于生态足迹时，生态赤字，说明该区域处于不可持续发展状态。旅游生态足迹是指在一定时空范围内与旅游活动有关的各种资源消耗和废弃物吸收所必需的生物生产土地面积和水资源量,即把旅游活动过程中旅游者的生态消耗用形象的土地面积进行表述。分析旅游生态足迹可以衡量旅游发展的可持续性。

示范效应(Demonstration effect)

示范效应指旅游目的地的居民通过观察外来旅游者的行为,从而模仿外来旅游者的文化行为和消费行为,最终导致当地社区的态度、价值观及行为发生变化。这些变化对目的地社区而言,既包括有益的方面,也包括有害的方面。

为了工作而休闲(Play in order to work)

这种休闲哲学把休闲活动当作养精蓄锐、提高生产力的一种手段,认为通过休闲可以恢复体力,调整精神状态,这样就可以更好地工作,提高工作效率。这种哲学通常出现在生产力不发达的社会阶段,其关注的中心是工作,并没有考虑到人类本身的权利和提高人们的生活质量的问题。

为了休闲而工作(Work in order to play)

这种休闲哲学认为,休闲体验是高质量生活的体现,努力工作的目的是为了获取从事休闲活动的经济基础。努力工作可以赚得更多的金钱收入,这样就能够更好地从事休闲活动,可以最大限度地提高生活质量,从而更好地享受人生。这种观念得到全社会认可之后,可以极大地刺激旅游需求。

西方人本环境观(Dominant Western Environmental Paradigm,DWEP)

西方人本环境观是一种描述人类与自然环境关系的理论观。这种环境观认为,人类是宇宙中万物的中心,在处理人类与自然环境的各种关系时,首先要考虑人类本身的利益;人类不但优于自然,而且只是为了自己的利益而生存。在这个意义上，自然环境只是供人类使用的一种"资源"。与其对应的概念是绿色环境观(green paradigm)。

休闲矛盾结构(Leisure paradox)

人们用于旅游休闲活动中的可自由支配的金钱和时间通常随着家庭生命周期的不同阶段的变化而变化。人们随着年龄的成熟，事业也会步入高峰，这时可自由支配的用于旅游休闲活动的金钱会很多，但是人们在这个阶段由于需要为事业而努力和奋斗，反而可能会没有太多的可自由支配的时间。

休闲社会(Leisure society)

休闲社会是20世纪70年代社会学家提出的一个概念，认为工业化社会将会发展到这样一个阶段：人们的工作时间会进一步减少，因而会有更多的时间享受休闲生活。

志愿者旅游(Volunteer tourism，voluntourism)

志愿者旅游是将志愿者服务与旅游休闲活动结合在一起的一种旅游休闲形态。在志愿者旅游过程中，旅游者在旅游目的地除了提供一定的志愿者服务之外，还有机会参加旅游休闲活动。志愿者旅游是出于帮助他人的愿望而进行的与自身的旅游休闲行为相关的利他活动。

3S旅游(3S tourism)

指基于阳光(sun)、海水(sea)和沙滩(sand)的旅游休闲活动。这个概念也被用来泛指休闲度假旅游。

FSE

即Festival and Special Event。在旅游管理实践和研究中，人们通常把节庆(Festival)和特殊事件(Special Event)合在一起作为一个整体来讨论,可以翻译为"节庆和特殊事件",即"节事活动"或"盛事活动"。

MICE

通常用 MICE 指代会展产业:M(Meeting,泛指会议)、I(Incentive travel,奖励旅游)、C(Convention,大型会议与展览)、E(Exhibition,展览会)。

SERVQUAL 模型

这是一种评价服务质量的方法,其理论核心是"服务质量差距模型",即服务质量取决于顾客所感知的服务水平与顾客所期望的服务水平之间的差别程度(因此又称为"期望—感知"模型)。通常采用 5 个方面的测量尺度来评价服务质量,即可靠性、移情性、有形性、响应性、保证性。采用 SERVQUAL 方法就是让消费者填写按照上述尺度设计的问卷调查表,然后通过统计计算得出消费者对服务质量的评价。

第六章
旅游管理学主要研究方法

第六章 旅游管理学主要研究方法

旅游管理学作为一个跨学科的研究领域,所采用的研究方法既包含自然科学领域常用的定量研究方法,也包含社会科学领域常用的定性研究方法。在实际研究过程中,基于本学科的跨学科性,研究者通常针对不同研究项目的不同特性,采用不同比例的定量和定性相结合的研究方法。从方法论的角度,旅游管理学研究方法可以分为两个层次,即宏观的研究方法/方法论(methodology)与具体的研究工具(method/tool)。研究方法/方法论指定量研究方法和定性研究方法,具体的研究工具则指数据收集工具和数据分析工具。采用定量研究方法要使用定量研究方法所要求的数据收集工具和数据分析工具,采用定性研究方法则要使用定性研究方法所要求的数据收集工具和数据分析工具。本章从旅游管理学研究的宏观框架结构、基本研究方法/方法论及旅游管理学研究的基本过程等方面来介绍旅游管理学的研究方法。

第一节 旅游管理学研究的基本框架

旅游是一个由多个利益相关群体组成的系统,旅游管理学研究也具有多学科性和跨学科性的特点。能够在学术上同时引起经济学、地理学、环境学、心理学、社会学、政治学和管理学等领域的研究人员关注的人类活动并不多见,而旅游恰恰就是这样的活动。各个学科都从其自身的角度研究旅游活动,对旅游及旅游管理学研究做出了贡献。

维尔(Veal)提出了一个比较简单的旅游管理学研究框架结构。他认为，在休闲和旅游活动发生的现实世界中存在着五个重要相关因素(见图6-1)：

(1) 人；

(2) 组织；

(3) 旅游服务/旅游设施/旅游吸引物；

(4) 上述三个因素之间的联系；

(5) 发生所有相关活动的物理环境。

人、组织和服务/设施/吸引物之间存在着三种相连关系：

(1) 连接 A——市场研究和政治活动；

(2) 连接 B——市场营销、购买、销售、就业、参观访问或使用服务设施；

(3) 连接 C——规划和投资。

由于旅游管理学研究具有多学科性和跨学科性，而各个学科的性质不尽相同，所以在这个体系中所起的作用也不尽相同。

心理学和社会心理学主要针对人的因素，研究旅游者对旅游目的地的知觉、旅游动机、心理满意度、旅游消费行为等，通常与连接 A 和连接 B 相关。

政治学主要关注各种组织，也研究旅游在各种政治行为和关系中的作用，因此常常涉及连接 A。

历史学和人类学的研究范围几乎可以涵盖整个系统，以历史的观点研究当代的旅游人类学有助于了解旅游导致的文化交融现象。

经济学也涉及这个系统的各个方面，主要关注旅游领域中各个部门的经济影响。不同经济学分支的研究重点也各不相同，例如微观经济学、宏观经济学、数量经济学等。

社会学在这个系统中主要关注人的活动，即旅游休闲活动。社会学还涉及人与组织的关系，因此连接 A 是社会学关注的主要目标。

应用学科，例如规划学、管理学、市场营销学等，以组织为基础，然后通

第六章 旅游管理学主要研究方法

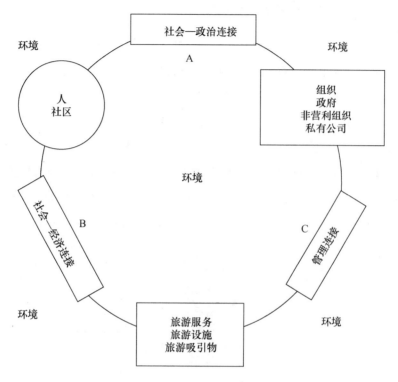

图 6-1 旅游研究的框架结构

资料来源：Veal, A. J.（2006）. *Research Methods for Leisure and Tourism: A Practical Guide*（3rd ed.）. London, UK: Pearson Education Limited, p. 20.

过连接 A 和连接 C 与另外两个因素相连接并施加影响。

地理学的基础是环境，研究地形地貌、空间因素、人文地理等因素对旅游活动和旅游业的影响。

第二节 旅游管理学研究的基本类型与方法

根据研究的核心功能、信息要求及研究方法，可以将旅游管理学研究分成若干类别（见图 6-2）。

一、旅游管理学研究的核心功能

1. 基础研究

基础研究有时也被称为"纯研究"。通过基础研究，人们能够创建理论、理论框架或理论模型。通过这种研究，人们可以获得知识，增加对旅游管理学和旅游相关现象的了解和认识。基础研究花费的时间比较长，涉及宽泛的问题，其研究成果不能即刻应用于旅游实践。基础研究重视高等级的科学标准，尽力要把研究做得完美无缺。在旅游研究领域中，巴特勒提出的旅游目的地生命周期理论、多克西提出的"激怒指数"（irridex）及普洛格提出的旅游者心理特征类型模式，都是通过基础研究得出的结论。

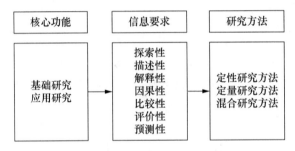

图 6-2　旅游管理学研究的类型

资料来源：Jennings, G. (2010). *Tourism Research* (2nd ed.). Sydney, Australia: John Wiley & Sons Australia, p. 14.

2. 应用研究

应用研究的着眼点和目标是解决某个或某些具体的实际问题，也就是要把研究成果应用到旅游实践中。应用研究解决的实际问题包括旅游产品的开发、旅游规划、旅游目的地开发、确定旅游细分目标市场、改进旅游服务、消除旅游的负面影响等。事实上，在旅游和旅游管理领域中进行的大多数研究都属于应用研究的范畴。

二、旅游管理学研究对信息的要求

旅游管理学研究从所需信息/数据的角度，可以分为七个类别（见图

6-2)。在实际研究过程中,研究人员可能会采用其中的一种方法,也可能会同时采用两种或多种方法。研究人员将根据旅游管理学研究对信息/数据的具体要求决定选择一种或几种方法。

(1) 探索性研究

如果需要进行研究的旅游管理现象中没有或几乎没有前人留下的现成数据或资料,就需要进行探索性研究。通过探索性研究获取的数据可以为制定更深入、更广泛的研究项目提供依据。

(2) 描述性研究

在描述性研究中,研究人员对旅游管理现象进行描述,但并不进行解释或说明。通常,描述性研究感兴趣的是"谁"(Who)和"什么"(What)。其研究成果对旅游规划和旅游管理部门非常有用,可以作为制定政策的依据和跟踪未来旅游发展动态的基准。

(3) 解释性研究

解释性研究的目的是解释和说明旅游现象的"原因"(Why)和"方式"(How)。在进行解释性研究时,研究人员试图找出描述性研究描述的某个具体旅游模式或旅游行为的具体原因,并加以解释。

(4) 因果性研究

因果性研究从假设出发,研究旅游管理变量之间的关系。因果性研究涉及对多个变量的研究,还涉及对假设的检验,因此要采用定量研究的方法。

(5) 比较性研究

比较性研究在时间上、空间上或研究内容之间进行比较。在比较研究中,研究人员主要关注不同旅游目的地、不同目标群体或不同旅游管理模式之间的相同点和不同点。比较性研究获得的结果可以供旅游管理部门或旅游经营企业等制定相关政策和策略时参考。

(6) 评价性研究

评价性研究主要用于应用研究,因为研究者关注旅游政策、策略、规划实践及旅游法规建设等方面的改革所产生的效果。评价性研究既可以对研究对象的发展过程进行评价,也可以对研究对象所采取的一些措施和改革所取得的结果进行评价。

(7) 预测性研究

预测性研究的目的是对未来事件进行预测。预测性研究可以进行短期预测(1—2年)、中期预测(2—5年)、长期预测(5—10年)及未来预测(10年以上)。预测的依据通常是旅游管理学术界和旅游产业界专家的见解和判断。预测性研究的结果可以用于决策和规划,也可以用于确定旅游开发的过程。

三、旅游管理学研究方法/方法论

从研究方法/方法论的角度,可以将旅游管理学研究方法分为三种类型:定性研究方法、定量研究方法和混合研究方法。事实上,具体的旅游管理学研究项目对信息/数据的各种要求已经决定了其应该选择的研究方法。

(1) 定性研究方法

定性研究的重点不是收集和分析统计数据,而是从研究对象或研究现场收集对现象的文字或图像等方面的描述。定性研究通常只涉及少量的研究对象和进行少量的观察,但是对这些研究对象的采访和在研究现场进行的观察却是深入和彻底的。因为定性研究只涉及数量不多的研究对象,因此其研究成果的代表性不强。定性研究提供的只是该项研究中的研究对象生活片段的信息。

(2) 定量研究方法

定量研究方法依赖于收集统计数据资料,然后运用各种分析工具对这些数据资料进行分析。与定性研究相反,定量研究方法常常被认为是"数据提炼工具",因为运用这种方法,可以产生相对小规模的信息,但是却代表很大规模的研究对象或者大量的观察结果。定量研究方法将来自大量研究对象的信息抽象概括为统计数据的展示,而不是对现象的文字描述。

（3）混合研究方法

混合研究方法同时采用定性研究方法和定量研究方法,且通常将其中的一种方法作为主要研究方法,而将另一种方法作为辅助研究方法。采用混合研究方法的旅游管理学研究一般都使用多种方法收集相关旅游现象的数据和资料。

第三节　旅游管理学研究的数据来源和过程

一、旅游管理学的基本研究数据

研究数据资料通常可以划分为两大类别:原始数据（primary data）和间接数据（secondary data）。这两种数据的不同点在于研究者所使用的数据资料的来源不同。

1. 原始数据

原始数据资料由研究者直接采集,而且研究者是数据资料的首次使用者。在研究者采集数据的过程发生之前,这些数据根本就不存在。收集原始数据的主要方法包括:调查法（survey）（包括访谈法和问卷调查方法）、重点群体法（focus group）、德尔菲法（Delphi technique）、观察法（observation）、内容分析法（content analysis）等。

2. 间接数据

间接数据资料是由他人采集和整理的,也就是说,研究者是数据资料的间接使用者。目前,旅游研究者经常使用的主要信息源包括学术期刊、学术书籍、统计资料汇编、行业出版物、报纸和互联网等。

二、旅游管理学研究的基本过程

旅游管理学研究通常采用实证研究（empirical research）的方式,因此一定要包含实际收集数据和分析数据的过程。为了从研究项目中获得实质性的、有价值的成果,旅游管理学研究应该以周密、审慎、系统的方式进行。不同的研究者可能会针对不同研究项目的不同特性,对某个具体的研究项目采用不同的研究过程,但是在总体上,研究者进行旅游管理学项目研究时,所遵循的步骤大体上是一致的。图 6-3 简要概括了旅游管理学研究的基本过程。

1. 选择研究题目

选择研究课题的依据通常包括:(a)研究者的个人兴趣;(b)现有的旅游管理研究文献关注的问题;(c)旅游管理中的问题和政策;(d)与旅游相关的社会问题;(e)公众和大众媒体关注的问题。旅游管理学研究者常常选择的研究课题方向包括旅游的市场营销问题、旅游目的地的环境问题、旅游目的地社区对旅游的态度、旅游目的地生命周期问题、旅游的文化影响、旅游业发展对目的地地区的经济影响、旅游的可持续发展等。

2. 文献综述

文献综述指研究者对其感兴趣的研究领域中已经发表或出版的间接数据资料和研究成果进行综合浏览、查阅和研究,这是研究过程中的重要步骤。旅游管理学是一个比较新的研究领域,具有多学科性和跨学科性,因此文献综述在旅游管理学研究中更为重要。在旅游管理学研究中,文献综述的作用主要如下:[①]

- 熟悉与研究课题相关的知识体系;
- 综合与总结与研究题目相关的各种观点和概念;
- 了解以前他人所进行的各种类似研究的路径;
- 借鉴其他研究者的成果,激发新观念和新思维;
- 提供与研究方法和理论框架的相关信息;
- 对本研究与他人进行的相关研究进行比较;
- 提供与本研究相关的必要信息或辅助信息,例如重要的统计数据等。

[①] 参考下列资料整理:Veal, A. J. (1997). *Research Methods for Leisure and Tourism*: *A Practical Guide* (2nd ed.). London, UK: Pearson Education Limited, p. 76; Neuman, W. L. (2000). *Social Research Methods*: *Qualitative and Quantitative Approaches* (4th ed.). Boston, MA, USA: Allyn and Bacon, p. 446.

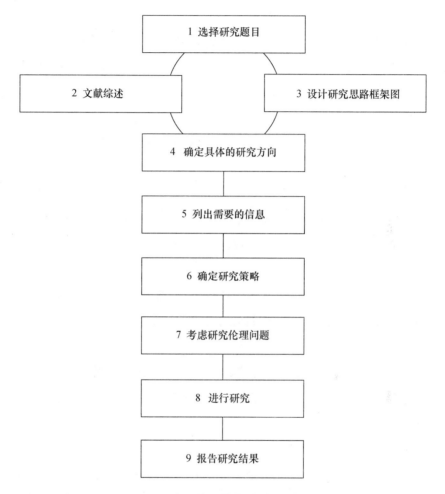

图 6-3　旅游管理学研究的基本过程

资料来源：Veal，A. J.（2006）. *Research Methods for Leisure and Tourism*：*A Practical Guide*（3rd ed.）. London，UK：Pearson Education Limited，p. 46.

3. 设计研究思路框架图

研究思路框架图（conceptual framework）也可以称为"概念框架"。研究思路框架图是研究过程中最重要也是最难做的一个部分，同时也是最容易被忽视的一个部分。设计研究思路框架图时，要从以下四个方面考虑。

(1) 确认研究涉及的概念

设计研究思路框架图的第一个步骤是确认研究涉及的概念。这个步骤通常需要经过多次反复,对多个概念因素反复进行比较,才能最终得到满意的结果。

(2) 各个概念的定义

确认了研究涉及的概念之后,还要明确地给出各个概念的定义,这样研究才能顺利进行。

(3) 概念之间的关系

确定概念之间的关系是大多数研究的关键。确定了各个概念之间的关系之后,才能有效地进入研究过程的下一个步骤。

(4) 概念的可操作性

概念的可操作性指如何对概念进行操作,即:如果是定量概念,如何对其进行测量;如果是定性概念,如何对其进行评价。

4. 确定具体的研究问题

研究者选定了研究课题,还需要确定具体的研究问题或假设,因为只有确定了具体的研究问题或假设之后,才有可能安排研究所需的时间和资源,展开具体的研究过程。

如果研究者提出的是问题(question),通过研究应该得出答案(answer);如果研究者提出的是难题(problem),通过研究应该得出解决方案(solution);如果研究者提出的是假设(hypothesis),通过研究应该证明假设是否成立(true or false)。

5. 列出需要的信息

根据具体的研究问题和概念框架可以提出所需的一系列信息,例如"旅游者对度假特征的认知""参观者对博物馆的知觉"等。所列出的信息一定要与具体的研究问题和概念框架相关,否则这些信息是没有价值的。

6. 确定研究策略

恰当的研究策略可以保证研究顺利进行。研究策略包括数据信息采集方法、数据分析方法、样本的选择及抽样方法、研究所需的预算、研究进展的时间安排等因素。

（1）根据数据的性质（原始数据或间接数据）及研究的性质（定性研究或定量研究）确定具体的数据收集方法。

（2）对量化的数据要用统计方法，借助统计软件（如 SPSS）进行分析。对定性分析数据采用的分析方法则以主观判断为主，包括归类整理、比较、综合等方法，也可以借助定性分析软件（如 NVivo）。因为定性方法具有很强的主观性，因此研究者常常采用三角校正法（Triangulation），即同时采用多种不同的方法对同一数据进行分析，力求给定性分析方法增加客观的色彩。

（3）通常，研究预算和时间都是固定的，因此研究者要根据有限的资金和时间，安排研究所需的人力、物力和财力。

7．考虑研究伦理问题

与其他学科的研究一样，旅游管理学研究也会涉及研究伦理问题。通用的研究伦理规范涉及很多方面，但是研究对象和研究者是旅游管理学研究关注的两个主要伦理考量。

• 与研究对象相关的伦理问题主要是：在研究的整个过程中不要使研究对象受到任何损害；要保证研究对象可以自愿地参与研究并可以随时退出研究。

• 与研究者相关的伦理问题主要是：研究者一定要具备必要的研究能力；坚决杜绝抄袭和学术造假。

8．进行研究

上述步骤完成后，研究者就可以组织研究项目的具体实施。事实上，在整个研究过程中，第一步至第七步是研究的准备阶段。显然，充分细致的准备是研究项目顺利进行的基础，缺少经验的研究者往往忽视准备工作的重要性，常常会急于进入第八个步骤，直接进行研究。如果准备得不充分，往往会导致研究无法顺利进行或失控。

9. 报告研究结果

研究报告的目的是把研究各个阶段的成果或内容进行归纳总结,形成标准的文本文件,供公开发表使用。公开发表的形式很多,主要包括提交给研究项目资助者的报告、学术会议论文、学术期刊论文等。如果是硕士研究生或博士研究生做学位论文研究,其研究报告则是硕士或博士学位论文。撰写研究报告遵循的原则是研究报告必须能够简明、清晰、准确、客观地将研究项目所涉及的各个相关方面的信息都展示出来。

按照学术界的惯例,研究报告的格式及参考文献的引用均要符合一定的学术格式规范。研究报告所列的参考文献一定要在研究报告中引用过,在研究报告中没有引用过的文献绝对不能列入参考文献。在旅游管理学研究领域,用中文撰写的研究报告及参考文献的格式,通常依照中国国家标准《文后参考文献著录规则》(详见中国国家标准 GB/T 7714-2015)。用英文撰写的研究报告则通常依照美国心理学会(American Psychological Association)的论文写作格式,即 APA 格式(APA Style, Publication Manual of the American Psychological Association)。

第七章
旅游管理学学科前沿

第七章　旅游管理学学科前沿

随着旅游活动日益成为普通民众的一种生活方式,旅游产业不断快速发展,旅游体系中各个利益相关体对理性开发旅游资源的认识程度不断提高,以及旅游的可持续发展观念不断深入人心,旅游管理学作为一个跨学科的研究领域,一些前沿研究方向、新思维及新观念也不断在这一学科领域中有所体现。这些前沿研究方向包括旅游资源的开发与旅游可持续发展模式的关系、对旅游伦理的重新认识、区域旅游合作的不断加强、小众旅游市场及其产品的开发与管理等,本章对此进行简单的介绍。

第一节　旅游资源的开发与旅游的可持续发展

不同类型的旅游资源对应着不同的可持续旅游发展模式,从旅游管理的视角,旅游城市、城市边缘与乡村、保护区等方面的可持续旅游开发模式是政府部门、旅游企业、目的地居民及旅游者共同关注的焦点。

一、旅游城市

旅游城市是"专门开发、生产、销售和消费商品或提供享受服务的城市"。[①] 因为关注的焦点一直是休闲相关的产品和消费活动,所以旅游城市常被看作是后现代主义的完美空间表达。对诸如美国奥兰多、中国澳门、法国尼斯和戛纳、泰国芭提雅这样的城市,旅游是其直接和间接的经济

---

① Weaver, D. (2013). *Sustainable Tourism*. New York, USA: Routledge Taylor & Francis Group, pp. 139-140.

动力。旅游城市主要是以休闲相关活动为卖点,所以判断一个城市是否可以发展成为旅游城市的主要因素是地理位置(是否有海滨或游乐公园等),然后就是城市是否有主要休闲旅游活动的卖点,比如澳门的博彩产业。找准主题是旅游城市发展的基础。有一些主要旅游目的地城市比如伦敦、巴黎、北京、布拉格等,虽然它们的旅游规模不比旅游城市小,但是这些城市却不能称为旅游城市。旅游经济占当地经济的比重是我们判断一个城市是否为旅游城市的重要标准。

事实证明,国民经济过度依赖旅游业并不是好现象,因为如果这样,国民经济非常容易受到这种单一性产业的兴衰或者经济周期、政治因素的影响。一旦旅游业受到来自政治、经济、社会、自然灾害等方面因素的不利变化的冲击,势必会导致旅游需求的剧烈波动,从而使国民经济陷入困境,导致旅游目的地地区人民的生活水准发生负面变化。把旅游业作为过分依赖的单一产业,从长远来看是一种具有风险的战略。

二、城市边缘与乡村旅游

在城市边缘的开发中,比较典型的是游客购物村(Tourist Shopping Villages,TSV)。购物对旅游的影响与日俱增,购物不仅影响旅游消费,还是旅游体验的一个重要方面。购物不只可以提高旅游目的地的经济收入,对游客来说还可以作为一个关键的旅游吸引物。因此,游客购物村作为城市旅游的补充而蓬勃发展起来。这些游客购物村一般处在大城市边缘的小乡村,以品牌商品的折扣力度来吸引游客前去消费。

国外研究乡村旅游的起源比较早,也相对比较成熟。对于乡村旅游的概念,有乡村旅游(rural tourism)、农业旅游(agritourism)、农场旅游(farm tourism)和村镇旅游(village tourism)等解释。乡村旅游的主要特性包括地处乡村,旅游活动具有乡村性、小规模化、社会化和多样性的特点。世界经济合作与发展组织(OECD)强调"乡村性"是乡村旅游的核心和独特卖点。而保持"乡村性"的关键是小规模经营、本地人所有、社区参与、文化与环境的可持续发展等。

针对乡村旅游的研究主要集中在乡村旅游影响、乡村旅游的利益相关者、乡村旅游发展策略、乡村旅游供给与需求、乡村旅游与可持续发展的相互关系等方面。随着研究的深入,学者们从最初关注乡村旅游的经济作用转变到乡村旅游对自然环境、生活环境、传统文化的影响等方面。在乡村旅游发展策略研究方面,发展中国家和地区更多地针对社区和国家政策的支持,而发达国家则更关注有计划地发展乡村旅游,这对文化的保护、利益相关者之间的合作和产品供给有着重要的意义。1987年,印度学者冈萨维斯(Gonsalves)提出,乡村旅游朝理性、和谐和完美的可持续方向发展,是未来乡村活动的必然趋势。此后,一些学者分别以美国伊利诺伊州、罗马尼亚为例,分析了乡村旅游环境遭到破坏的原因和乡村旅游可持续发展实现的途径(即社区参与和地方控制)。[①]乡村旅游可持续发展是可持续旅游的一个重要部分,也是乡村旅游发展的最终目标。乡村旅游的可持续发展强调旅游活动行为模式优化,以避免对乡村旅游地生态和文化造成破坏。它还强调旅游发展与乡村环境的协调、旅游者与居民利益的协调、资源的当代与后代需要的协调,以保证乡村旅游业的长期生存和发展。

三、保护区

保护区可以分为自然与人文两个方面。自然保护区方面以国家公园为主,如美国黄石国家公园。然而,自然保护区与旅游之间的关系是矛盾的。现在管理者不仅变得越来越依赖因旅游产生的收入,并且把保护区的这种赚钱能力变为维持保护区存在的关键,否则,就用来种植农作物或经济林木。然而从另一个方面说,应该控制游客的增长速度,提供相应的服务和设施来减少旅游对当地自然环境所带来的消极影响。与城市旅游不同的是,一个强有力的可持续发展模式是这些保护区开发的前提,也是环

[①] 陈实.旅游管理前沿专题.北京:中国经济出版社,2013,246-249.

境保护主义者的重要使命。

关于要经济发展还是要生态环境,"不丹模式"提供了新的启发。所谓"不丹模式"就是注重物质和精神的平衡发展,将环境保护和传统文化的保护置于经济发展之上,衡量发展的标准是国民幸福总值(Gross National Happiness,GNH),而不是我们通常采用的国内生产总值(Gross Domestic Product,GDP)。国民幸福总值最早由不丹国王旺楚克在 1970 年提出,联合国在 2011 年认可了这个概念。不丹是世界知名旅游地,但是,来这里旅游的花费却相当高昂,包括食宿、交通、导游在内,每天的开销在 200 美元到 250 美元之间,体现了不丹的旅游模式——走价不走量(low-volume high-yield),借此来减少旅游对当地自然环境、人文环境和人民产生的消极影响。①

人文方面的主要关注点是大遗址的开发。国外大遗址保护的概念,最早产生于 16 世纪的欧洲。1515 年拉斐尔在关于古罗马文物的报告中,提出了保护文物古迹的思想。在欧洲,最早提倡开展遗址遗迹保护工作的国家是瑞典。在中国,这一概念的提出相对比较晚,"大遗址"的概念最初是由苏秉琦先生在 1986 年举行的中国考古学会第五次年会闭幕式上首次使用,1997 年国务院在《关于加强和改善文物工作的通知》中采用了"大遗址"的提法。

对于大遗址保护与开发的研究及实践,国外一些国家起步较早,也取得了很大的成就,但各国在具体保护与利用的方式上又各有不同。例如:意大利和德国对大遗址保护的原则是不改变遗址文物原貌,采用遗址公园、遗址博物馆等形式保护起来;法国对于文化遗产的保护与开发已不再局限于对历史建筑遗产的恢复重建,而是致力于对遗址的再利用,改善遗址区内居民生活的质量,提升文化遗产的活力及时代气息;美国在遗址整体保护方面主要是遗址与绿色廊道相结合,即在区域内运用遗产廊道的保

---

① Weaver, D., Lawton, L. (2014). *Tourism Management* (5th ed.). Milton, Australia: John Wiley & Sons Australia, Ltd., pp. 256-257.

护模式对遗址进行整体保护;日本对大遗址的保护与利用主要是进行遗址公园建设,对遗址进行考古发掘后都进行了保护性建设。

我国的大遗址保护与开发方式主要分为两种,即整体保护和局部保护与利用。整体保护方式如遗址公园、森林公园、旅游景区和遗址历史文化农业园区;局部保护开发方式如遗址博物馆和遗址展示区。①

第二节 旅游伦理

旅游已经发展成为一种普遍存在的、综合性的人类活动,而旅游系统本身也是一个利益相关体,因此旅游伦理是约束这些利益关系的基本规范。从伦理的视角来理解,人类的旅游活动至少具有三方面的伦理意蕴:(1)旅游有利于社会经济、文化的发展;(2)旅游有利于个人身心的发展;(3)旅游有利于人与人之间关系的改善。旅游伦理所规范和约束的主要利益关系涵盖三个层面:微观、中观及宏观。

微观层面包括人与自然的和谐、人与历史的和谐、人与人的和谐和人与自我的和谐四个方面的内容。

中观层面表现为旅游企业、旅游从业者相互间以及企业、从业者与游客之间的伦理关系,其实质是如何解决好利益相关者之间的矛盾。

宏观层面主要涉及与旅游规划、旅游开发相关的人与自然、人与景观、人与社会之间的伦理关系,其实质是关注如何处理好开发与保护这一对矛盾。

世界旅游组织认识到旅游伦理问题的重要性,并于1999年颁布了《全球旅游伦理规范》,这个伦理规范包括10项基本原则,全面涵盖了旅游领域所涉及的经济、社会、文化和环境因素。② 世界旅游组织制定这个规范的目的是促进旅游的可持续发展,并坚持与环境保护、经济发展和消除贫

---

① 陈实.旅游管理前沿专题.北京:中国经济出版社,2013,251-257.
② [2015.08.20]http://ethics.unwto.org/sites/all/files/docpdf/china_1.pdf.

困协调一致的基本原则。《全球旅游伦理规范》的制定是世界旅游业发展中的一个里程碑事件,因为自此以后,判断旅游活动是否符合伦理道德变得有章可循。《全球旅游伦理规范》是一套完整的原则,旨在指导旅游发展过程中所有关键参与者的行为。该规范所针对的关键参与者主要包括政府、旅游业、社区和旅游者,其目的是帮助它们通过旅游获得最大化的利益,同时最大限度地减少旅游对环境、文化遗产和社会的潜在消极影响。

重视旅游伦理的实践是旅游发展和旅游管理过程中一个不可回避的现实问题。旅游者要爱护自然、保护自然、节约资源、尊重异域文化,身体力行地实践可持续发展理念,旅游从业者要遵循职业道德规范、诚信服务,扮演好服务者的角色,旅游企业要尊重自然、尊重旅游者,践行企业社会责任。旅游伦理实践的深度和广度有赖于政府决策层面的伦理制度建设、旅游经营者企业层面的企业伦理构建和旅游者个体层面的道德水平的提升。把伦理内容纳入旅游管理研究已经成为学术界的广泛共识,研究旅游伦理的内涵以及具体实践的效果是目前旅游管理学关注的重要内容,这个领域内所产生的新思维和新成果会对旅游的可持续发展产生巨大的影响。

第三节 区域旅游合作

区域旅游合作可以表述为一定区域内不同子区域的旅游资源和旅游生产要素配置以区域优势互补为动因、以实现多元价值目标(主要指经济效益、社会效益和环境效益)为取向、以长期契约关系为体现的旅游产业发展的空间格局。①

在实践中,区域旅游合作已经进行了有效的尝试,根据不同地区的特殊地理环境、不同发展条件和不同的资源条件逐渐形成了不同的发展模

---

① 陈实. 旅游管理前沿专题. 北京:中国经济出版社,2013,6.

式。根据旅游业区域合作的空间和时间维度,主要的合作模式可以归纳为:

(1) 以合作主体合作程度为视角的合作模式;

(2) 以产业组织为视角的合作模式;

(3) 以要素组合为视角的合作模式;

(4) 以地理空间聚集程度和聚集状态为视角的合作模式;

(5) 以合作内容为视角的合作模式。

一个旅游区采取哪种合作模式与地区资源的存量和特征有很大的关系。以要素组合角度为例,如果两个地区的资源共享,那么就需要采取资源共享合作模式;如果两个地区的旅游资源具有互补性,就需要采取资源互补型合作模式;而如果两个地区是互为目的地和客源地,就应该采取资源拉动型合作模式。比如我国西部地区旅游资源丰富,不同省份之间的旅游资源既有共享性,又有互补性,有些还具有资源拉动性的特点,因此在区域旅游合作模式的选择上就要根据地域特色选择合作模式,可以以某一种合作模式为主,与另外两种合作模式交叉。

欧盟区域旅游合作一体化的例子是国际上比较成功的区域旅游合作案例之一。欧盟的区域旅游合作一体化是欧盟经济一体化的衍生物。基于政治目标而产生的欧盟在政治一体化过程中,由于国家主权的让渡阻力较大,在经济方面反而产生了更大的效果。经济一体化加强了欧盟成员国的经济依存度,随着旅游业在欧盟区域经济一体化过程中作用的加强,区域旅游合作得到了良性发展。欧盟区域旅游合作取得了很大的进展,其主要经验有:

(1) 合作的前提是历史文化、经济发展水平的相似相近性;

(2) 欧盟对旅游发展的强大推动力;

(3) 政府引导和企业市场主体作用的发挥;

(4) 旅游对经济不平衡的作用。

在欧盟的区域旅游合作一体化过程中,欧盟旅游资源丰富多彩、文化相似相近的趋同性是其合作的前提和基础。其合作主体包括政府、企业、非政府组织(类似行业协会),政府的大力支持、企业的市场运作、非政府组织(欧盟和欧盟旅游协调委员会等)能力的发挥都对区域旅游一体化进程做出了巨大的贡献。旅游产业自身的综合性特点能够促进欧盟整体经济实力的提高,成为欧盟区域旅游一体化的动力。[①]

第四节 小众旅游的发展与管理

第二次世界大战结束以来,世界旅游的发展进入了现代大众旅游发展阶段。这一阶段旅游活动的显著特征是大众化、多元化和产业化。旅游活动开始由少数人的奢侈消费演变为大众化的普通消费,旅游消费的需求与功能也趋向多元化,旅游的各项服务内容不断完善,并逐渐形成了集交通、住宿、饮食、游览、购物、娱乐及学习于一体的供需产业链。然而当大众旅游发展到目前阶段,市场逐渐开始进一步细分。未来旅游业的发展很大程度上要向"小众旅游"方式转变。"小众旅游"这个概念是从小众市场/利基市场这个营销学概念上借鉴过来的。

从营销学的角度来看,"小众"指的是两个相互关联的概念:首先,一个地方的市场有一种产品;其次是有一定的受众需要这个产品。进一步说,即是有一个特别的产品是为一部分受众或细分市场量身定制的。因此"小众旅游"和"小众旅游市场"这两个概念是相互依存的。

从一个方面而言,小众旅游可以被划分到较大的相关市场份额中(宏观小众,如文化旅游、乡村旅游、运动旅游等),每个市场还可以继续细分(微观小众,如地质旅游、美食旅游、自行车旅游等)。从另一个方面而言,小众旅游也可以专注于一个精确到无法再分割的小市场。然而,由于小众旅游是基于游客的行为,还有一个地理维度是根据非常具体的地理位置来

[①] 陈实. 旅游管理前沿专题. 北京:中国经济出版社,2013,61-70.

区分小众旅游目的地,例如一个葡萄酒产区就可以定位自己是小众旅游目的地,因为它可以为旅游者提供自己独一无二的葡萄酒景观(winescape)。①

由此,小众旅游可以被定义为:为迎合特别市场需要而定制的多样化旅游产品。其特点可描述为:小众旅游产品有着卓越的品质;独特小众旅游产品的重要性在于为新的多样化的市场提供一个进入的渠道;小众旅游市场规模小而精确;对于旅游未来的发展来说,小众旅游比大众旅游更具可持续性。②

更多定制和个性化服务的内涵为小众旅游带来了声望,吸引了很多小规模的旅行商选择了这个市场和这些独特的旅游者。小众旅游的这些特性提供了一个更符合可持续发展的政策环境和社会关怀性的旅游业。由于这些原因,世界旅游组织和世界旅行与旅游理事会(WTTC)把小众旅游看作是对旅游目的地更为有益的旅游消费。我们也可以将小众旅游当作吸引高端旅游消费者的一个途径,因此相对于平庸和廉价的大众团队旅游而言,小众旅游也可以贴上精英旅游的标签。对旅游者自身而言,在他们的社交生活中,小众旅游可以使他们成为"世界主义者",从而使他们与"其他"旅游者保持选择性距离。综上所述,小众旅游是一个对于旅游供应商、旅游者和旅游目的地更为有益的、有极大发展潜力的旅游活动。

小众旅游通常可以划分为以下三个类别。

(1) 以特殊兴趣为基础的小众旅游,包括摄影旅游、地质旅游、青年旅游、黑色旅游、寻根旅游、美食旅游、交通旅游、教育旅游、健康与医疗旅游、音乐旅游、宗教旅游、影视旅游等。

(2) 以传统和文化为基础的小众旅游,包括部落旅游、文化遗迹旅游、

---

① Novelli, M. (2011). *Niche Tourism*. New York, USA: Routledge Taylor & Francis Group, pp. 16-20.

② Robinson, P., Heitmann, S., Dieke, P. (2011). *Research Themes for Tourism*. Oxfordshire, UK: CABI, p. 9.

边缘地区旅游、研究旅游、农业旅游等。

(3) 以活动为基础的旅游,包括小型游轮巡航游、运动与探险旅游、野生动物旅游、志愿者旅游等。

未来,小众旅游还有可能包括三个发展方向:太空旅游、虚拟旅游和道德旅游。下面简要介绍几种比较常见的小众旅游方式。

1. 摄影旅游

人们可以很容易地区分商务旅游、探亲旅游、游轮旅游等旅游形式,但对于单独的摄影旅游分析并不多,因为它现在还很难被看作是一个完全独立的市场。但根据研究者对于特殊兴趣旅游的描述——"根据特殊兴趣的个人和团体而提供定制的休闲与娱乐经历",摄影旅游可以看作是因摄影这个兴趣而集合起来的一个旅行团体,导游作为摄影专业人员,根据他们的能力提供必要的专业建议,并提供摄影机会来增强摄影活动的内涵。摄影旅游包括多个种类,如野生动物摄影、地标建筑摄影及人物摄影等。有一定的摄影知识是参加摄影旅游的基本条件,旅游公司会专注于摄影部分而使这种旅游有别于其他旅游,例如在旅行中设定摄影主题、在行程中加入摄影学习和研讨会以及雇用专业的摄影师来做导游或地陪等。这些因素会使得这种类型的行程花费更多,然而这也正是小众旅游产品的特点之一。[①]

2. 黑色旅游

黑色旅游的概念最早由伦侬和弗利提出,指旅游者参访的地点曾经发生过战争、死亡、灾难、大屠杀、政治谋杀、恐怖事件等悲剧性事件。到悲剧发生地或者具有历史性纪念意义的灾难发生地参观,会对我们的生活产生持续的影响,因此旅游者参观这样的地点,会从中得到启发和教育。

3. 美食旅游

1960 年开始,随着美食烹饪节目的兴起,人们对酒类与食物的兴趣已

---

① Novelli, M. (2011). *Niche Tourism*. New York, USA: Routledge Taylor & Francis Group, pp. 15-18.

经演变成一种流行文化。对食物和酒类的消费已经成为现代人生活中非常重要的组成部分,成为人们在选择旅游目的地时一个非常重要的影响因素。人们在旅行过程中进入当地餐厅品尝当地美食并不代表这就是美食旅游。美食旅游通常被认为是一种探索性餐饮活动,即参与者探索性地品尝自己没有体验过的食物,同时也通过品尝异域食品来探索异域的文化和生活方式。喜欢美食、美酒或烹饪艺术的旅行者通常把美食旅游当作一种"认真休闲"活动。目前,国内越来越多的高端旅行社推出的法国红酒(酒庄)之旅等,显示了美食旅游在中国受欢迎的程度。

4. 影视旅游

影视旅游在20世纪60年代首次被提及,真正进入学者的研究视野是在20世纪90年代。随着电视、电影在人们生活中的影响越来越大,影视旅游越来越被重视,例如,英国旅游局为迎接踏访影视之旅的游客,每年都会推出一张"英国电影地图",详细介绍67部经典影视作品中的110个旅游胜地。影视旅游不仅仅指旅游者到影视作品拍摄地去参观游览,参与国际性电影庆典(如法国戛纳电影节、德国柏林电影节等)以及游览影视制片厂和影视主题公园等活动,也是影视旅游的形式。目前影视旅游比较成功的案例主要包括哈利·波特主题公园、新西兰霍比特人村等。

5. 小型游轮巡航游

小型游轮巡航游与一般游轮游的主要不同点在于规模与旅游目的的不同。参加小型游轮巡航游的旅游者们需要一段特殊的游轮巡航经历,他们希望避开大众的、拥挤的旅游方式,寻找具有挑战性的、冒险的甚至具有教育意义的真正的海上航行。目前南半球经营小型游轮巡航游比较有名的公司主要包括库克船长巡游公司(Captain Cook Cruises, CCC)、蓝色礁湖巡游公司(Blue Lagoon Cruises, BLC)和美拉尼西亚游客服务公司(Melanesian Tourist Services, MTS)等,分别位于澳大利亚、斐济与巴布亚新几内亚。

6. 体育与探险旅游

体育旅游指在旅游行程中参与一个被动的运动假期(如体育赛事等)

或主动的运动假期（如水肺潜水、高尔夫等）。体育旅游在中国发展非常迅速，以水肺潜水为例，起初多以俱乐部形式发展，现在已逐渐普及。由于国内可供潜水的资源较少，现在中国已经成为一个很大的水肺潜水旅游输出国市场。

探险旅游可以分为软探险旅游（soft adventure）和硬探险旅游（hard adventure）。软探险旅游是危险程度相对比较低的探险活动，如露营。硬探险旅游是危险程度相对高一点的旅游活动，如登山、徒步、滑翔伞等。

从概念上很难区分运动旅游和探险旅游，因为两者常常相互依存。旅游业界和旅游管理学术界常常会把主动体育旅游看作是探险旅游的一种类型。

7. 野生动物旅游

现代野生动物旅游（wildlife tourism）主要包括三种形式：游猎旅游（safaris tourism）、狩猎旅游（hunting tourism）和保护旅游（conservation tourism）。目前国际野生动物旅游资源比较发达的地区主要在非洲，如赞比亚、肯尼亚等地。

8. 太空旅游

针对普通百姓的太空旅游（space tourism）可能比我们想象中来得更快。2001年美国亿万富豪丹尼斯·蒂托乘俄罗斯"联盟"号飞船进入国际空间站，并在上面停留了6天时间，由此成为世界上首位太空旅游的游客，他为此支付了2000万美元的巨额费用。英国维珍集团推出了廉价太空游，把客户送入太空，首飞的价格大约15万英镑。预订英国维珍集团旗下银河公司太空游的用户一度达到600人，客户包括明星汤姆·汉克斯、安吉丽娜·朱莉夫妇以及英国哈里王子等。

第八章
旅游管理学学科代表人物及重要事件

第八章 旅游管理学学科代表人物及重要事件

一个学科的演进与发展离不开促进学科发展的代表人物的重要贡献,旅游管理学的演进与发展也如此。在旅游管理领域,来自学术界和产业界的一些代表人物对旅游管理学学科的发展做出了重要贡献。同时,在旅游管理学的发展过程中,在学科内部和外部世界也发生了一些里程碑式的重要事件,这些事件在一定程度上也推动了旅游管理学学科的发展。了解这些代表人物在旅游管理学领域的贡献和这些重要事件对旅游管理学发展的作用,对学习和研究旅游管理学是十分重要的。本章简要介绍旅游管理学学科发展中的代表人物和重要事件。

第一节 旅游管理学学科代表人物

一、学术界代表人物

在旅游管理学领域中,一些经典理论的提出对该学科的实践和发展十分重要,提出这些理论的学术先驱在很大程度上推动了旅游管理学研究领域中新知识的发现和理论的创新。下面列举的这些学术界人物是这些先驱者的部分代表。

1. 理查德·巴特勒

理查德·巴特勒(Richard Butler)生于1943年,是一位地理学家,他在旅游管理学领域的最大贡献是提出了旅游目的地生命周期理论。他是旅游目的地开发研究领域中引用率最高的作者之一。旅游地生命周期理论为旅游目的地开发领域的研究奠定了理论基础,为旅游管理学研究开拓了新的视角。巴特勒的旅游地生命周期理论以及后续的研究发展使其在旅游及旅游管理学研究领域得到了广泛的学术认可,巴特勒教授由此成为旅游研究领域的学术权威。

巴特勒曾在英国萨里大学服务管理学院、英国斯特拉斯克莱德大学旅游与娱乐行业管理学院和加拿大西安大略大学地理学院等处任教。巴特勒是国际旅游研究院(International Academy for the Study of Tourism)的发起人之一和前主席,还是皇家地理学会、皇家艺术学会和加拿大休闲研究协会等学术机构的成员。他作为编辑为《旅游与款待研究》(*The Journal of Tourism and Hospitality Research*)工作多年,还兼任另外7种学术杂志的编委会成员。巴特勒的研究领域包括旅游接待地区的发展、可持续旅游、海岛旅游、健康旅游、旅游与媒体、旅游与安全等。

2. 罗斯玛丽·伯顿

罗斯玛丽·伯顿(Rosemary Burton)博士任教于英国西英格兰大学环境管理与地理学院。伯顿于1995年在其著作《旅行地理学》(*Travel Geography*)中把社会的经济发展划分为四个阶段,并对照社会经济发展的四个阶段对人们的旅游参与程度进行了分析,揭示了社会经济发展与旅游参与程度之间的关系(见表8-1)。伯顿提出的旅游参与的四阶段理论是对旅游管理学科的重要贡献。该理论从经济学方面为分析旅游需求奠定了理论基础,丰富了旅游管理学的理论内涵。

3. 斯坦利·普洛格

斯坦利·普洛格(Stanley Plog)是著名的旅游研究学者与旅游顾问。他大学毕业后曾加入美国军队参加朝鲜战争,退役后于1960年获哈佛大学博士学位,并在洛杉矶加州大学开始其学术生涯。普洛格1972年在一次学术研讨会上宣读了《为什么旅游目的地受欢迎程度会出现大幅度波动》的论文,首次提出了旅游者心理分析理论,从心理分析的角度将旅游者分为自我中心型和他人中心型两个不同的类别。这个理论对旅游

表 8-1　社会经济发展与旅游参与程度的关系

发展阶段	经济发展状况	旅游参与程度
第一阶段	以维持生计为主的前工业化经济 以农村为主的农业经济 广大的贫苦大众与少数富有阶层的差距很大	大众不参与旅游 少数富有阶层成员到国内和国外的一些旅游目的地旅游
第二阶段	正在进行工业化 城市迅速发展 中产阶层正在成长	国内旅游开始扩展 少数富有阶层成员的国际旅游范围在扩大
第三阶段	几乎工业化 大部分人口集中在城市 中产阶层成为社会的主流	大众参与国内旅游 短程国际旅游量增加 少数富有阶层成员开始远距离国际旅游
第四阶段	完全工业化 高科技导向 几乎城市化 全体国民高度富裕	大众参与国内旅游和国际旅游（包括短程和远程）

资料来源：Weaver, D., Lawton, L. (2014). *Tourism Management* (5th ed.). Milton, Australia: John Wiley & Sons Australia, Ltd, p. 62.

管理学的研究和发展做出了重大贡献，普洛格由此成为著名的旅游研究专家。

普洛格在长达四十年的职业学术生涯中，还创立了一些市场研究公司，其中最著名的是普洛格研究公司（Plog Research, Inc）。他为旅游相关领域提供旅游研究和咨询服务，包括航空公司、旅游目的地、邮轮公司、酒店及度假村、旅行社等。由于他在旅游研究领域的杰出贡献，国际酒店销售和营销协会（HSMAI）于 2003 年授予普洛格终身成就奖。

4. G. V. 多克西

多克西（G. V. Doxey）于 1975 年提出的"激怒指数理论"（Irridex Model）是旅游目的地的社会影响研究领域中被引用最多的一个经典理论模型。多克西 1975 年发表《游客-当地居民激怒因素的因果关系理论：方法与研究推论》一文，首次提出了著名的"激怒指数理论"。该理论对研究旅游目的地居民对旅游活动和外来旅游者的态度转化以及旅游活动对目的地产生的影响具有重大的理论意义和实用价值,为研究旅游目的地居民对旅游活动和外来旅游者的态度奠定了理论基础,丰富了旅游管理学的学科内涵。

5. 贾法·贾法利

贾法·贾法利(Jafar Jafari)是美国威斯康星大学斯托特分校款待与旅游管理学院教授。他本科和硕士在美国康奈尔大学修读酒店管理,并获美国明尼苏达大学文化人类学博士学位。贾法利曾于2005年获得联合国世界旅游组织尤利西斯奖(Ulysses Award)。

贾法利对于旅游管理学的主要理论贡献是其提出的四个旅游平台理论:拥护提倡型理论平台、小心谨慎型理论平台、改变适应型理论平台、以知识为基础的理论平台。贾法利提出的理论平台近年来在旅游管理学研究方面发挥了主导作用,促进了旅游研究、旅游理论的创新和旅游管理学学科的发展。

6. 尼尔·利珀

尼尔·利珀(Neil Leiper)是旅游研究领域中颇具影响力的学者,逝世于2010年。利珀在澳大利亚悉尼技术学院开始其学术和教学生涯,而后到其获得博士学位的新西兰梅西大学任教。利珀退休前在澳大利亚南十字星大学担任旅游管理学教授,2006年从南十字星大学退休后受聘于泰国那黎宣大学任荣誉研究教授。

利珀一生致力于旅游管理基础理论的研究,并且非常重视将旅游理论与旅游实践有机地结合在一起,以解决各种与旅游相关的实际问题。利珀的研究基本可以分为四个主要部分:整体旅游系统、旅游业的部分产业性、旅游吸引物系统和旅游发展战略。他提出的"整体旅游系统"概念及"旅游业的部分产业性"观点在旅游和旅游管理研究领域得到了广泛的认可,尤其是"整体旅游系统"概念,是对旅游管理理论的重要贡献。利珀撰写的《旅游管理学》也是旅游管理领域的一部经典教材。

7. 罗伯特·麦金托什

罗伯特·麦金托什(Robert McIntosh)是美国大学中最早的旅游管理

第八章 旅游管理学学科代表人物及重要事件

学教授,在美国密歇根州立大学正式开始从学术和研究的角度系统地讲授旅游管理学。20 世纪 60 年代初,麦金托什还利用其学术休假时间帮助美国夏威夷大学创建了旅游管理学院。

麦金托什 1972 年出版了深具影响力的学术著作《旅游原理、实践与哲学》(*Tourism: Principles, Practices and Philosophies*)。该书是旅游管理领域中最早问世的经典著作,在旅游及旅游管理学科领域产生了极其深远的影响,并显示出持续的生命力。在其出版后的四十多年里(截至 2012 年,这本书已经出版了 12 版),麦金托什与戈德纳和里奇两位学者共同对该书不断地进行修订、更新和补充,该书从 2002 年的第九版开始由戈德纳和里奇两位学者署名。该书问世以来一直是旅游管理专业学生的必读教材,也是很多旅游研究学者的启蒙读物之一。

二、旅游业界人物

在旅游管理学的发展过程中,旅游产业界的一些代表人物也发挥了重要作用。他们在旅游产业实践中所进行的创新和改革促进了旅游和旅游业的发展,也促使旅游管理学紧跟旅游行业发展的大方向,调整自身的研究方向,以解决行业发展面临的新问题和新矛盾。这些产业界代表人物在旅游业发展过程中的贡献,在一定程度上也推动了旅游管理理论和实践的创新,促进了旅游管理学学科的发展和完善。

1. 托马斯·库克

托马斯·库克(Thomas Cook)是现代旅游的创始人,是近代旅游业之父,是团队包价旅游(package tour)的创始人,也是现代旅行社的创始人之一。

1841 年 7 月 5 日,托马斯·库克包租了一列火车,运送 570 人从莱斯特(Leicester)前往拉夫伯勒(Loughborough)参加禁酒大会,往返行程 35 公里。这次活动在旅游发展史上占有重要的地位,它是人类历史上第一次利用火车组织的团队包价旅游,是近代旅游活动的开端。

1845年夏天,库克首次出于商业目的,组织了从莱斯特到利物浦的旅游团,全程历时一周,并编发了导游手册《利物浦之行手册》分发给旅游者,这是世界上第一本旅游指南。

库克于1864年创办了一家旅游用品商店,并于1872年与儿子合作成立了托马斯·库克父子公司(Thomas Cook & Son),全面开展旅行和旅游业务。该公司于1874年发行旅行支票,方便了旅游者进行跨国和洲际旅游。2007年该公司更名为通济隆集团(Thomas Cook Group),是世界旅行代理业三大公司之一。

2. 康拉德·尼科尔森·希尔顿

康拉德·尼科尔森·希尔顿(Conrad Nicholson Hilton)是美国酒店大亨,希尔顿酒店集团的创建者。美国希尔顿酒店创办于1919年,在不到90年的时间里,遍布世界五大洲的各大城市,成为全球最大规模的饭店集团之一。

在酒店经营中,希尔顿开始意识到翻新酒店和重视客人的重要性,以及租赁酒店比买下来能获得更多的利润。希尔顿酒店集团成立于1946年,希尔顿是最大的股份持有人。第二次世界大战结束不久,希尔顿就到欧洲去考察酒店市场,随即发现了希尔顿酒店全球性扩张的潜力和可能性。

希尔顿的成功秘诀就在于牢牢确立自己的企业理念,并把这个理念上升为品牌文化,贯彻到每一个员工的思想和行为之中。饭店创造"宾至如归"的文化氛围,注重企业员工礼仪的培养,并通过服务人员的"微笑服务"体现出来。希尔顿在五十多年的酒店生涯中,不断到他分设在各国的希尔顿酒店、旅馆视察业务。他担任希尔顿酒店集团的董事长直至逝世。到2019年,希尔顿家族拥有9个酒店品牌,包含4000多家酒店,遍布90个国家和地区。

3. 沃尔特·迪士尼

沃尔特·迪士尼(Walt Disney)出生于美国芝加哥,与其兄罗伊·迪士尼(Roy Disney)是沃尔特·迪士尼公司的共同创始人。沃尔特·迪士尼是世界最著名的电影制片人、导演、剧作家、配音演员和动画师之一。迪士尼1923年搬到了好莱坞,在那里与他的兄弟一起创立了迪士尼兄弟工作室,创造了米老鼠、唐老鸭等著名的卡通形象。迄今为止,迪士尼已经成为好莱坞的传奇人物,并保持着59次奥斯卡学院奖提名及26次获奖的纪录。

迪士尼的后半生与旅游和休闲业发生了联系。迪士尼曾带女儿去传统的游乐园,但是他对游乐园的各项服务都不满意。这使他产生了创办户外游乐场的想法,这个游乐场一定要与其他游乐场不一样,还要安全、有教育意义、适合全家一起游玩。迪士尼在1952年开始设计迪士尼乐园,并借了几百万美金来实现他的新冒险。美国第一家迪士尼乐园于1955年顺利开业,随后迪士尼主题乐园逐渐风靡全球。

迪士尼乐园最大的创新在于其"主题"的概念。这个主题体现在游乐场的所有方面,包括建筑、道路、演出、人物、餐饮服务以及商品。迪士尼乐园最吸引人的地方在于梦想现实化,让游客生活在自己的憧憬中。这种新型的主题游乐园随后迅速被竞争者模仿,最终主题游乐园戏剧化地改变了整个休闲娱乐产业。今天,主题乐园已经成为最受喜爱的大众娱乐方式之一。而迪士尼乐园毫无疑问仍然是其中最成功的,因为它不仅可以成为当地的旅游景点,而且本身也成为一个国际旅游目的地。迪士尼乐园在旅游和休闲娱乐界成为一个独一无二的现象。

沃尔特·迪士尼显著改变了休闲娱乐场所的性质,改变了现代游客的休闲习惯,在影响人们的休闲和旅游行为方面起到了重要的作用。

第二节 旅游管理学学科重要事件

在旅游管理学学科发展的过程中,一些具有里程碑意义的事件促使旅游活动和旅游产业发生了重大变化,同时使旅游管理学去面对旅游发展的新变化和全新的管理实践,这对旅游管理学的发展起到了积极的推动作用。与旅游管理学的发展相关的一些主要事件简要介绍如下。

1. 大修学游

大修学游(Grand Tour)(也可以称为"大旅行"或"壮游")是指文艺复兴时期以后,英国的有闲阶层(leisure class)青年出于教育和文化的目的到欧洲大陆(尤其是法国和意大利)进行的修学旅游活动。后来欧洲大陆北部新教国家的年轻人也加入了类似的旅行。大修学游在当时被认为是一种教育性的成年礼。典型的大修学游最早流行于17世纪中叶,一直持续到18世纪中叶。到了18世纪后半叶,美国等国的年轻人也加入了这种旅行的行列。

巴黎通常是旅行者的第一个旅游目的地,然后是意大利的一些主要城市,尤其是佛罗伦萨、罗马、那不勒斯和威尼斯。意大利的政治和经济影响力在18世纪早期开始下降,但其文艺复兴和罗马时期那些为欧洲树立文化标准的名胜古迹仍然受到追捧。游览和观赏这些文化中心对于那些有志加入精英行列的青年来说是至关重要的。

根据汤纳(Towner)的说法,在18世纪中期大约有15000到20000名英国精英出国到欧洲大陆参加大修学游。[①]富裕的参与者可能会有仆人、导游、导师等随员陪伴。18世纪末期,大修学游的主要人群从贵族转变为中产阶级,其行程以短期内游览几个旅游目的地为主。其他的旅游目的地,比如德国和瑞士,也变得流行起来。18世纪英国大修学游的参与者大约占整个英国人口的百分之七到百分之九。

大修学游起初的重点是使参加者接受文明的熏陶,有机会成为贵族特权阶层的一员,并能够与欧洲大陆产生重要的社会联系,但是后来大修学游的重点逐渐转向简单的观光旅游。然而,不论从教育的角度,还是观光旅游的角度,大修学游都对英国产生了深远的影响。大修学游者带回的新

---

① Towner, J. (1996). *An Historical Geography of Recreation and Tourism in the Western World 1540-1940*. Chichester, UK: John Wiley.

观念和商品使英国的文化、社会和经济领域都发生了一定程度的变化。大修学游的主要价值,一方面是接触古代和文艺复兴时期的文化遗产,另一方面是接触欧洲大陆的贵族和上流社会。此外,大修学游还提供了宝贵的机会,使修学旅游者能够观看到特定的艺术品,听到特定的音乐。

2. 现代大众旅游

现代大众旅游(modern mass tourism)兴起于20世纪50年代初,一直持续到今天。第二次世界大战结束以后,和平与发展成为世界的主流,科学技术的飞速发展,使人类文明突飞猛进,生产力的高度发达和世界经济持续高速的发展,使人们的物质和文化生活水平得到了前所未有的提高。越来越多的人认识到度假、旅行、休闲及体验异域文化的重要性。旅游从一种主要以休息、娱乐或观光为中心的活动转变成一种提高生活品质的活动,成为一种人们个人发展以及生活方式形成的途径。在这种背景下,世界各国的旅游业都经历了快速发展的阶段,旅游和旅游业的重要性日益突显。世界旅游及旅行理事会(WTTC)的统计数字显示,从20世纪90年代开始,旅游业已经发展成为世界第一大产业,旅游业提供了全世界大约十分之一的就业岗位,旅游活动占全球经济产值的百分之六。现代大众旅游的兴起标志着旅游经济逐渐规模化发展,成为社会经济中不可或缺的组成部分。

大众旅游广义上指人们——尤其是劳动阶层和中产阶层——出于休闲的目的而大规模地从事旅游休闲活动的行为。大众旅游的基本定义可以概括为:(1)旅游产品是标准化的,严格固定包价,缺乏灵活性,整个度假行程中的任何部分都不可更改,除非愿意为此支付额外的费用;(2)旅游产品的产生是对构成要素大批量重复的过程,规模经济是驱动力;(3)旅游产品的促销是不考虑顾客差异的大众销售;(4)旅游产品的消费是大批量的,不顾及旅游目的地的社会习俗、文化、当地居民和环境。简单来说,大众旅游是"以固定的价格、标准化的服务,大批量销售给大众客户的包价旅游"。

大众旅游自产生之日起,就带有矛盾性。一方面,蓬勃发展的大众旅游带来了经济的繁荣、文化的交流以及社会的融合等利益。同时,其消极影响也日趋明显,种种弊端使得人们无法视而不见。但不得不承认的是,即使大众旅游存在种种负面影响,时至今日它仍是世界旅游业的主流产品,绝不会被摒弃或取代。

3. 工业革命

工业革命首先发生在英国,始于18世纪中叶至19世纪末叶。工业革命发生后,以农业为基础的社会开始向工业社会转型。在工业化社会中,由于交通技术的进步(如蒸汽机和火车的发展),更多的人能够以休闲为目的从事旅游活动。随着工业进一步发展,机器代替人类生产,人们有了更多的空闲时间,后来又出现带薪休假等制度。有了固定的假期和一定程度的可以自由支配的金钱,人们对旅游休闲活动产生了需求。在1815年以后的西欧以及随后的世界其他地区,工业革命后社会经济的发展使得旅游人数增长,出现了新型的旅游、范围更广阔的旅游路线。这也催生了旅游业萌芽的出现,产生了大规模、有组织的团队旅游活动。在此期间,托马斯·库克创办了第一家旅游公司,使现代旅游成为现实。

工业革命之前,由于生产力水平的限制,人们并不认为休闲是其天生就应该拥有的权利。之所以认为休闲是必要的,原因是通过休闲可以恢复体力,这样就可以提高工作效率,因此休闲是提高生产力的一种手段。这个时代的休闲哲学是"为了工作而休闲"。工业革命之后,随着生产力水平的提高和人们可以支配的休闲时间和金钱的增加,人们所持有的休闲哲学也发生了变化,认为应该"为了休闲而工作"。这时,人们认为旅游休闲活动是生活质量的体现,赚钱的目的是为了获取旅游休闲活动的经济基础,努力工作的目的是为了更好地休闲,更好地享受人生。这种观念得到全社会的认可后,就可以极大地激励旅游需求。

第八章　旅游管理学学科代表人物及重要事件

4.《旅行研究》创刊

《旅行研究》(*Journal of Travel Research*)于1962年在美国科罗拉多大学波德分校创刊,这是旅游管理领域中的第一种同行评审学术期刊,被学术界广泛地认为能够展示代表旅游管理学科最新的、前沿的发展成果,具有学术同行认可的学术地位。《旅行研究》的创刊,是旅游管理学科及旅游管理学研究开始走向成熟并正式确立学术地位的标志之一。《旅行研究》与后来相继问世的《旅游研究纪事》《旅游管理》,成为旅游学和旅游管理学研究领域中最有影响力的三种同行评审学术期刊。

5.《全球旅游伦理规范》通过

1999年9月27日至10月1日,世界旅游组织第十三届大会在智利首都圣地亚哥举行,大会通过了《全球旅游伦理规范》(Global Code of Ethics for Tourism)。两年后联合国确认了《全球旅游伦理规范》,并明确地鼓励世界旅游组织有效地推动后续工作。世界旅游组织制定这个规范的目的是促进旅游的可持续发展,并坚持与环境保护、经济发展和反贫困协调一致的基本原则。《全球旅游伦理规范》的制定是全球旅游业发展中的一个里程碑事件,从此以后,判断旅游活动是否符合伦理道德变得有章可循了。

《全球旅游伦理规范》是一套完整的原则,旨在指导旅游发展过程中所有关键参与者的行为。该规范所针对的关键参与者主要包括政府、旅游业、社区和旅游者,其目的是帮助参与者通过旅游获得最大化的利益,同时最大限度地减少旅游对环境、文化遗产和社会的潜在负面影响。虽然这个规范不具有法律约束力,但是具有自愿参与实施的机制,自愿参与实施的关键是参与者首先要承认世界旅游伦理委员会(World Committee on Tourism Ethics,WCTE)的地位,然后就可以请世界旅游伦理委员会协助其解释和实施《全球旅游伦理规范》的原则。

《全球旅游伦理规范》规范了旅游系统中各个利益相关者(政府、旅游业、社区和旅游者)的社会责任,为旅游的可持续发展和发展负责任的旅游业做出了重大的贡献。

《全球旅游伦理规范》的10项原则全面涵盖了旅游领域所涉及的经济、社会、文化和环境因素,其具体内容如下:

1. 促进人民和社会之间相互理解和尊重;
2. 个人和集体满足的方式;
3. 可持续发展的因素;
4. 人类文化遗产的利用者和改善这些遗产的贡献者;
5. 有益于目的国和社区的活动;
6. 旅游发展的利益相关者的责任;
7. 旅游权利;
8. 旅游者往来的自由;
9. 旅游业员工和经营者的权利;
10. 《全球旅游伦理规范》原则的实施。

第九章
旅游管理学经典文献、重要期刊与学术组织

第九章　旅游管理学经典文献、重要期刊与学术组织

一个成熟的学科必然有重要的经典文献做支撑,而各种学术观点的碰撞必然会对学科的发展和知识体系的完善产生重要作用。旅游管理学是一门新兴的学科,但也逐渐具备成熟学科的特点。学术期刊,尤其是采用双盲评审方式刊登稿件的同行评审学术期刊,既是学科学术地位的标志,也是学科领域中学者相互交流学术观点、展示研究成果的重要平台。学术团体是研究领域中学者的重要学术圈子,也是各种学术信息交流的平台。本章介绍旅游管理学学科的经典文献、学术期刊及学术团体的基本情况。

第一节　旅游管理学经典文献

一、重要书籍

1. Goeldner, C., Ritchie, J.（2012）. *Tourism: Principles, Practices, Philosophies*（12th ed.）. Hoboken, NJ, USA: John Wiley & Sons, Inc.

该书是旅游管理领域最早问世的经典著作,第一版由美国密歇根州立大学教授罗伯特·麦金托什撰写,于1972年出版。在接下来的四十年里,麦金托什教授与戈德纳和里奇两位教授对该书进行了多次修改和补充,截至2012年,已经出版了12版。其中从第九版(2002)开始由戈德纳和里奇两位学者署名。戈德纳现在是美国科罗拉多大学波德分校退休教授,也是《旅行研究》期刊的创刊编辑;里奇是世界旅游组织(UNWTO)

旅游教育理事会的首任主席、加拿大卡尔加里大学旅游管理教授。

该书自问世以来一直是旅游管理学专业学生的重要教材，也是很多旅游研究学者的启蒙读物之一。该书第十二版从全球的角度对旅游及旅游管理中各个要素、功能及其重要性进行了讨论，将理论与实践完美地结合在一起，是旅游专业的学生、旅游研究工作者及旅游业界专业人士的必读参考书。

2. Leiper, N. (2004). *Tourism Management* (3rd ed.). Frenchs Forest, Australia: Pearson Education Australia.

该书作者尼尔·利珀于2010年去世，生前在澳大利亚南十字星大学担任旅游管理教授，是旅游研究领域中颇具影响力的学者。利珀一直致力于旅游管理基础理论的研究，并且非常重视将旅游理论与旅游实践有机地结合在一起，以解决各种与旅游相关的实际问题。他提出的"整体旅游系统"概念及旅游业的部分产业性观点在旅游研究领域得到广泛认可，是对旅游理论的重要贡献。[①]该书第一版于1995年问世，后来利珀又对该书进行了修改和补充，于2003年出版了修订第二版，2004年推出了第三版。

该书对旅游管理的基础理论进行了详细的介绍，深入阐述了这些理论与旅游实践的相关性。全书分成两大部分：第一部分主要讨论旅游和旅游管理基础理论；第二部分主要探讨与旅游业密切相关的实际问题，以及如何将理论与实践有机地结合到一起，有针对性地帮助旅游企业和政府管理部门制定恰当的政策和策略。

3. Weaver, D., Lawton, L. (2014). *Tourism Management* (5th ed.). Milton, Australia: John Wiley & Sons Australia, Ltd.

该书第一版初稿由戴维·韦弗（David Weaver）和马丁·奥珀曼（Martin Oppermann）合作编写。奥珀曼是澳大利亚格里菲斯大学旅游和酒店管

---

① Hall, C. M., Page, S. (2010). The Contribution of Neil Leiper to Tourism Studies. *Current Issues in Tourism*, 13 (4), 299-309.

理学院的高级讲师。但是在书稿完成之前,奥珀曼于1998年去世。而后,韦弗独自将书稿整理完成,并于2000年出版了第一版。该书的后续版本,包括第二版(2002)、第三版(2006)、第四版(2010)及第五版(2014),均由韦弗和劳顿(Laura Lawton)合作完成。该书作者韦弗和劳顿均在澳大利亚格里菲斯大学从事旅游教学和研究。

该书系统阐述了旅游系统中各个相关因素之间的关系,讨论了政府、旅游业和个人在对旅游系统进行管理的过程中所扮演的角色和相互关系。该书探讨了对旅游产生重大影响的各种相关因素,包括经济因素、社会文化因素、环境因素等,以及对这些因素进行管理的策略和措施。旅游的可持续发展和可持续旅游也是该书的主要内容之一,作者从旅游者、政府和旅游业界的不同角度对生态旅游、可持续大众旅游、替代性旅游等新型旅游方式进行了分析。该书还单独设置了一章,专门阐述旅游研究方法,简要介绍了旅游研究的基本方法和过程。

4. Page, S. J., Connell, J. (2009). *Tourism: A Modern Synthesis* (3rd ed.). Hampshire, UK: Cengage Learning EMEA.

该书作者斯蒂芬·佩奇(Stephen J. Page)是英国伦敦城市大学资深教授,乔安妮·康内尔(Joanne Connell)是英国斯特灵大学高级讲师。该书被认为是旅游管理学科中一流的核心基础课教科书。该书从多学科的视角,在全球化的大背景下,探讨了旅游发展和旅游管理的基本理论。作者将学术思维和应用思维有机地结合在一起,提出了旅游管理的关键性原则。

作者在第三版中增加了一些实践案例的分析,这些案例均来自全球旅游实践中的真实环境。作者将这些案例分析称为"insight"(洞察力),体现了作者对旅游发展实践和趋势的深入思考。该书提出了一些颇具建设性的论题,例如生态旅游未必是一种可持续发展型旅游、旅游的全球化进程和区域化进程、旅游者认知与游客管理,以及旅游供应链、旅游电子商务、全球化环境下的旅游者健康与安全等。

对旅游产业中出现的一些小规模的利基市场的分析也在该书中有所

体现，例如黑色旅游、影视旅游等。为了适应会展和节事活动的发展，该书还增加了一章，专门讨论事件旅游的发展及其管理理论。该书也讨论了旅游业界和学术界十分关注的热点问题，例如旅游的可持续发展、旅游与环境的关系、生态旅游的实质、电子旅游及社交网络所扮演的角色等。

该书内容广泛，既可以供本科生和研究生使用，也可以供旅游业界人士及旅游行政管理部门的决策者参考，同时也是旅游研究人员必备的重要参考资料。

5. Page, S. J.（2013）. *Tourism Management: An Introduction*（4th ed.）. New York, USA: Routledge.

该书是佩奇另一部具有影响力的杰出作品，最新版本是第四版（2013年），早期版本是于2003年、2007年、2009年分别出版的第一、二、三版。该书从全球视野出发，全面归纳和总结了旅游管理学的基本理论和原则，是旅游管理研究领域中一部高质量的基础教材。该书既讨论了旅游发展的历史沿革，也探讨了当前旅游管理者所面对的诸多挑战。可持续发展与旅游的相互关系是贯穿该书的一个重要主题。此外，该书还对世界旅游发展中出现的一些热点问题进行了比较深入的探讨，包括：旅游扶贫问题，新兴经济体金砖四国（巴西、俄罗斯、印度及中国）在世界旅游市场中所发挥的重要作用，廉价航空和廉价陆上交通工具的发展对旅游的影响，社交媒体在旅游领域中的作用，气候变化对全球旅游的影响以及旅游的未来发展趋势，等等。

6. Cooper, C., Fletcher, J., Fyall, A., Gilbert, D., Wanhill, S.（2008）. *Tourism: Principles and Practice*（4th ed.）. Harlow, England: Pearson Education Limited;

Fletcher, J., Fyall, A., Gilbert, D., Wanhill, S.（2013）. *Tourism: Principles and Practice*（5th ed.）. Harlow, England: Pearson Education Limited.

该书是克里斯·库珀(Chris Cooper)与其团队共同努力的成果。库珀曾任英国诺丁汉大学教授，目前是英国牛津布鲁克斯大学副校长和商学院院长；约翰·弗莱彻(John Fletcher)教授是英国伯恩茅斯大学旅游与酒店研究国际中心主任；艾伦·费尔(Alan Fyall)是英国伯恩茅斯大学旅游与酒店研究国际中心教授；戴维·吉尔伯特(David Gilbert)是英国萨里大学营销学教授；斯蒂芬·万希尔(Stephen Wanhill)是英国诺丁汉大学教授。

该书第一版于1993年问世，而后于1998年、2005年、2008年、2013年分别推出了第二、三、四、五版。第五版的署名作者为弗莱彻、费尔、吉尔伯特和万希尔。

该书以利珀的"整体旅游系统"为基础，从跨学科的视角讨论旅游的基本问题，深入探究旅游系统中各个要素所涉及的理论和实践问题。该书对当代旅游业界及旅游学术界共同关注的一些关键性的理论和实践问题进行了非常深入的探讨。

该书不但是优秀的教科书，而且是旅游领域的研究者及从业人员（包括政府决策人员、旅游业投资者、旅游市场营销人员等）的重要参考读物。

7. Cooper, C.（2012）. *Essentials of Tourism*. Harlow, UK: Pearson Education Limited.

该书是克里斯·库珀的另一部新著，论述了旅游管理学的基础理论，是学习旅游管理学的入门书。该书内容涵盖了旅游管理的众多方面，包括旅游目的地（旅游的经济影响、旅游的环境影响、旅游的社会文化影响、可持续旅游）、旅游产业（旅游吸引物、酒店业、旅游中介服务、交通运输业、政府在旅游中的作用）、旅游需求和供给（旅游需求和旅游市场营销等）。

案例研究是该书的一个特色，每一章都包含三个案例，来支持和解释所讨论的基础理论和原则。案例研究的素材来自全世界，以帮助读者从全球的视角来理解旅游管理理论的实践。该书的一个不足之处是缺少中国的案例,因为中国作为全球重要的出境旅游客源市场和旅游目的地,其旅游实践是非常具有示范意义的。

8. Cook, R. A., Hsu, C. H. C., Marqua, J. J.（2013）. *Tourism：The Business of Hospitality and Travel*（5th ed.）. Upper Saddle River, NJ, USA：Prentice Hall.

该书第一版于1999年问世,之后作者于2002年、2006年、2010年分别推出了第二、三、四版。前四版的书名为 *Tourism：The Business of Travel*,作者为库克(Roy A. Cook)、耶尔(Laura J. Yale)和马夸(Joseph J. Marqua)。该书第五版(2013)的书名和署名作者都发生了一点变动,耶尔退出,徐惠群(Cathy Hsu)加入。库克是美国科罗拉多州路易斯堡学院退休教授;耶尔是美国科罗拉多州路易斯堡学院退休教授;马夸是美国旅游与酒店发展集团的入驻企业家;徐惠群是香港理工大学酒店及旅游业管理学院教授。

该书从旅游业界的视角,探讨旅游业界人士最关注的一些问题,如旅游管理、市场营销和财务问题等。该书内容全面涵盖了旅游及旅游业的各个方面,包括旅行代理商、交通运输、住宿业、旅游目的地、旅游吸引物、餐饮业。该书还探讨了可持续旅游的内涵、生态旅游及绿色旅游的理论和实践等。

该书第五版为了扩大学生的视野,增加了一些国际性案例,展示了全球旅游实践的新视野。

9. Veal, A. J.（2011）. *Research Methods for Leisure and Tourism：A Practical Guide*（4th ed.）. Harlow, England：Pearson Education Limited.

该书作者维尔(A. J. Veal)曾任澳大利亚悉尼科技大学商学院副院长和澳大利亚-新西兰休闲研究学会会长。该书于1992年问世后,立即成为旅游研究领域中标准的研究方法参考指南,后来维尔又对该书进行了多次修改和补充,先后出版了第二版(1997年)、第三版(2006年)、第四版

第九章 旅游管理学经典文献、重要期刊与学术组织

（2011年）。

该书全面深入地讨论了旅游研究领域中的定性研究方法和定量研究方法，论述了旅游研究过程的具体步骤，详细探讨了旅游研究所涉及的具体问题，比如：如何设计研究方案，如何归纳和整理文献综述，如何选择恰当的研究方法，如何对研究总体进行抽样，如何收集数据，如何分析数据，如何撰写研究报告，等等。该书还简要介绍了一些数据分析软件的使用方法，如电子表格软件（Excel）、统计分析软件（SPSS）和定性分析软件（NVivo）。

10. Jennings, G. (2010). *Tourism Research* (2nd ed.). Milton, Australia: John Wiley & Sons Australia, Ltd.

该书作者盖尔·詹宁斯（Gayle Jennings）是澳大利亚格里菲斯大学的兼职教授，多年来一直在旅游高等教育领域从事教学和研究，是国际上知名的定性研究方法专家。该书2001年初次出版后，一直深受旅游高等教育界的欢迎，很多院校都将其作为本科或者研究生层次旅游研究方法课程的首选教材。为了进一步适应教学和研究的需要，作者在基本框架不变的前提下，对该书内容进行了补充和更新，于2010年推出了第二版。

该书的一个特点是深入讨论了旅游研究所涉及的定性研究方法、定量研究方法及其理论基础，探讨了在实际研究过程中人们经常采用的定性和定量相结合的研究方法，全面地阐释了定性研究方法和定量研究方法的优点和缺点及其在不同研究案例中的适用性。与其他同类旅游研究方法教材相比，该书比较详细地探讨了支撑旅游研究的各种理论范式，还特别强调了伦理考虑在旅游研究中的重要性。

11. Urry, J., Larsen, J. (2011). *The Tourist Gaze 3.0* (3rd ed.). London, UK: Sage.

该书第一版于1990年问世，之后于2002年和2011年又推出了第二版和第三版。前两版的书名为 *The Tourist Gaze: Leisure and Travel in Contemporary Societies*，作者为约翰·厄里。2011年出版的第三版，由约

翰·厄里和乔纳斯·拉森（Jonas Larsen）联合署名，书名也更改为 *The Tourist Gaze 3.0*。该书作者厄里是英国兰开斯特大学社会学系教授，拉森是丹麦罗斯基勒大学环境、社会和空间变化系副教授。

"旅游者凝视"是厄里对旅游管理学研究的一个重要贡献。厄里从旅游者凝视的角度分析了旅游体验的视觉本质。厄里认为，旅游者观察令人感兴趣和令人好奇的环境，也就是说，他们凝视其遇到的事物。自该书问世以来，"旅游者凝视"就成为旅游人类学研究及旅游体验研究的一个重要理论工具。该书第三版更广泛地探讨了全球化背景下与旅游者凝视相关的一些问题，主要包括大众旅游、经济问题、凝视之下的工作、凝视与旅游文化、凝视与旅游地点、凝视与数码摄影、物化的旅游表现、凝视的风险等。

12. Getz, D.（2005）. *Event Management and Event Tourism*（2nd ed.）. Elmsford, New York: Cognizant Communication Corporation.

该书作者唐纳德·盖茨是加拿大卡尔加里大学哈斯凯因商学院旅游和酒店管理教授，节事管理研究领域的国际知名专家。

该书自1997年首次出版以来，一直是该领域的权威著作，也是节事管理和节事旅游教学和研究的首选参考著作。该书系统论述了节事管理的理论和实践，内容丰富，结构清晰。全书从最基本的节事的概念、分类到节事的宏观（目的地）规划，具体的节事管理的活动选址、节目安排、质量控制、组织协调、人力资源管理、现场安全危机管理、市场营销，到节事活动实际影响的具体评估，涵盖了该领域的各个方面，且有大量的案例介绍，具有很强的实践性。

13. Weaver, D.（2008）. *Ecotourism*（2nd ed.）. Milton, Australia: John Wiley & Sons Australia, Ltd.

该书作者戴维·韦弗是澳大利亚格里菲斯大学商学院教授，主要从事旅游管理领域的教学和科研工作。其主要研究方向为生态旅游、可持续旅游、目的地生命周期、生态保护区管理及邮轮管理等。

该书第一版于2001年问世，之后于2008年推出了修订第二版。该书全面反映了当代生态旅游管理领域理论和实践的最新发展;重点讨论了生态旅游规划和战略管理;分别从客源地(生态旅游市场)和目的地(当地社区)的角度探讨了如何平衡生态旅游所涉及的多种利益相关者之间的关系;深入讨论了生态旅游对目的地环境(包括生态环境)及社会文化的影响;全面审视了生态旅游所涵盖的两个侧面(硬生态旅游与软生态旅游)的内涵与应用;提供了大量来自生态旅游业界和生态旅游目的地的实际管理案例。

14. Lennon, J., Foley, M. (2010). *Dark Tourism*. Hampshire, UK: Cengage Learning EMEA.

该书作者伦农和弗利是英国格拉斯哥卡利多尼安大学莫法特旅游发展中心的高级讲师。他们从20世纪90年代中期开始对"黑色旅游"现象进行研究,并发表了很多研究论文,该书是他们基于这些研究成果所撰写的一部研究专著。该书是"黑色旅游"研究领域的经典著作,是"黑色旅游"研究者的必读参考书。

该书通过分析旅游者参访曾经发生过死亡、灾难、屠杀等黑暗事件的地点的行为,来揭示和解释"黑色旅游"现象的内涵和机理。该书大致可以分为两个主要部分:基本理论部分和案例研究部分。基本理论部分阐述了"黑色旅游"的基本理论,案例研究部分包括波兰的奥斯威辛纳粹集中营、德国的萨克森豪森纳粹集中营、日军关押战俘的新加坡樟宜监狱、美国的珍珠港、法国诺曼底联军登陆地、美国得克萨斯州达拉斯的六楼博物馆(当年暗杀美国总统肯尼迪的凶手开枪的地点)、位于华盛顿的美国大屠杀纪念馆等。

15. 谢彦君. 基础旅游学(第三版). 北京:中国旅游出版社,2011.

该书第一版于1999年问世,此后作者又对该书的内容进行了更新和补充,分别于2004年和2011年推出了第二版和第三版。旅游现象是该书讨论的焦点,作者的逻辑思路是:首先用分析的方法探讨旅游现象的本质规定性及其特征,从内涵的角度对旅游加以界定;然后分析旅游活动发生和运动的内在构成因素,从静态的角度对这些因素的内涵和特征予以解剖。作者试图运用综合的方法对大众旅游现象的运动特点、外部效应进行考察,并引申出对旅游现象加以规范、引导和管理的结论。

从全书的结构看,作者的思路是从分析到综合、从个体到群体、从旅游者活动到旅游产业活动,并主要围绕着旅游者活动而渐次展开。

16. 李昕. 旅游管理学(第三版). 北京:中国旅游出版社,2012.

该书第一版于2006年问世,修订第二版于2008年出版。此后作者又结合全球旅游发展的新思维和新实践,增加和更新了部分内容,增加了与中国相关的理论与实践方面的内容,于2012年推出了第三版。

该书基于作者长期的旅游基础理论研究和教学实践的成果,借鉴和吸收国内外旅游发展及旅游管理学术研究方面的最新成果,总结和提炼了旅游管理学理论,分析了影响旅游发展的诸多因素、旅游体系内部各个利益相关因素的关系、旅游和旅游业对社会生活和社会发展的影响,还简要介绍了旅游研究方法。

该书主要内容包括整体旅游系统、旅游市场、旅游营销、旅游对经济的影响、旅游的社会文化影响、旅游对环境的影响、旅游目的地开发、旅游的可持续发展、休闲与旅游和旅游研究等。该书既可作为高等学校旅游管理类专业"旅游管理学"课程的教材,也可以供旅游管理类专业教师、旅游研究人员、旅游业管理人员等参考。

17. 李天元. 旅游学(第三版). 北京:高等教育出版社,2011.

该书是我国高等院校广泛采用的旅游研究权威教材之一,也被国内众多高等院校(包括科研机构)指定为报考硕士和博士研究生的专业参考读物。该书第一版于2002年问世,此后作者又对该书的内容进行了更新、修改和补充,分别于2006年和2011年推出了第二版和第三版。

该书从不同的角度对旅游活动所涉及的各个要素进行了全面剖析。全书共分为八章,分别是:旅游发展的历史沿革、旅游活动、旅游者、旅游资源、旅游业、旅游组织、旅游市场、旅游的影响。

第九章　旅游管理学经典文献、重要期刊与学术组织

18. 陈实. 旅游管理前沿专题. 北京：中国经济出版社，2013.

该书从旅游区域合作、旅游产业发展及旅游资源开发等多个角度，对提升旅游产业要素配置效率以及提高旅游产业竞争力的基本途径进行了阐述。该书从理论和实践两个层面较为系统地介绍了我国旅游产业发展前沿的研究成果。该书是旅游研究者、教学人员、旅游专业各个层次的学生和经营管理人员的高阶参考读物。

二、经典论文

1. Butler，R. W.（1980）. The Concept of a Tourist Area Cycle of Evolution：Implications for Management of Resources. *Canadian Geographer*，24，5-12.（该论文首次提出了旅游目的地生命周期理论框架。）

2. Plog，S.（1974）. Why Destination Areas Rise and Fall in Popularity. *Cornell Hotel & Restaurant Administration Quarterly*，15（November），13-16.（该论文是旅游者心理分析理论的经典文献。）

3. Doxey，G. V.（1975）. A Causation Theory of Visitor-resident Irritants：Methodology and Research Inferences. *Proceedings of the Travel Research Association*，*6th Annual Conference*，San Diego，California，195-198.（该论文是激怒指数理论的经典文献。）

4. Jafari，J.（1987）. Tourism Models：The Sociocultural Aspects. *Tourism Management*，8，151-159.（该论文详细阐述了旅游平台理论，是关于该理论的经典文献。）

5. Parasurman，A.，Zeithaml，V. A.，Berry，L. L.（1985）. SERVQUAL：A Multiple-Item Scale for Measuring Consumer Perceptions of Service Quality. *Journal of Retailing*，64（1），12-40.（该论文的三位作者根据其1985年提出的服务质量概念化模式，将原有的10个维度加以纯化，整合为5个维度，称之为SERVQUAL量表。该文是SERVQUAL理论的经典文献。）

6. Poon, A. (1994). The New Tourism Revolution. *Tourism Management*, 15 (2), 91-92. (该论文是旅游生命周期理论和新旧旅游者划分理论的经典文献。)

7. Wang, N. (1999). Rethinking Authenticity in Tourism Experience. *Annals of Tourism Research*, 26 (2), 349-370. (该论文是旅游真实性及旅游体验领域的经典文献。)

8. Leiper, N. (1979). A Framework of Tourism. *Annals of Tourism Research*, 6, 390-407. (该论文首次提出了整体旅游系统模型。)

9. Dann, M. S. (1977). Anomie, Ego-Enhancement and Tourism. *Annals of Tourism Research*, 4 (4), 184-194. (该论文是旅游推拉理论的经典文献。)

10. Pearce, P. L., Lee, U. (2005). Developing a Travel Career Approach to Tourist Motivation. *Journal of Travel Research*, 43, 226-237. (该论文首次从旅游生涯阶梯的视角讨论了旅游动机。)

11. Ritchie, J. R. B., Crouch, G. I. (2000). The Competitive Destination: A Sustainable Perspective. *Tourism Management*, 21 (SI), 1-7. (该论文基于可持续旅游的视角构建了旅游目的地竞争力模型。)

12. Butler, R. W. (2000). Tourism and Environment: A Geographical Perspective. *Tourism Geographies*, 2 (3), 337-358. (该论文是探讨旅游与环境相互关系领域的经典文献。)

13. Hunter, C. (1997). Sustainable Tourism as an Adaptive Paradigm. *Annals of Tourism Research*, 24 (4): 850-867. (该论文在理论上提出了可持续旅游发展的不同阶段以及应该采取的应对措施。)

第二节 旅游管理学重要学术期刊与(学术)团体

一、重要学术期刊

1. *Journal of Travel Research*(《旅行研究》)

1962年创刊,编辑部目前位于美国。目前为季刊,每年出版4期。该期刊是北美第一种专门研究旅游的学术刊物,其论文重点关注旅游行为、旅游管理和旅游开发。该期刊为旅游研究者、旅游教育工作者和旅游专业人士提供最新的、高质量的、国际性和多学科性的研究成果,十分关注旅游和旅游业新出现的行为倾向和旅游管理理论。

2. *Annals of Tourism Research*(《旅游研究纪事》)

1973年创刊,编辑部目前位于美国。1979年至今为季刊,每年出版4期。该刊主要从学术的角度研究旅游与旅游管理,在追求理论与实践的平衡的同时,致力于旅游理论的构建。其基本策略是鼓励来自不同学科的学术观点,并为相关学者提供可以进行学术互动的论坛,致力于扩大旅游管理的知识领域,并促进形成具有多学科性的旅游研究学术群体。

3. *Tourism Management*(《旅游管理》)

1980年创刊,编辑部目前位于新西兰。该刊是世界旅游规划和旅游管理领域的主导性学术期刊,1998至今为双月刊,每年出版6期。该刊的文章采用跨学科的方法,探讨全球范围的旅游规划和旅游政策课题及具体的旅游管理问题。该刊的主要关注点包括基础研究、现实问题讨论、案例研究、研究报告、新书书评以及旅游学术会议信息。其读者对象既包括学术工作者,也包括旅游业界人士。

上述三种英文期刊是世界旅游和旅游管理领域中影响力最大的学术刊物。此外,在世界旅游和旅游管理学术领域中还有数十种英文版同行评审学术期刊,这些期刊也是颇具影响力的重要期刊,其基本资料都在本书附录中详细列出,供研究者和学习者参考。

4.《旅游学刊》

1986年创刊(月刊),英文刊名 *Tourism Tribune*,由北京联合大学旅游学院主办。该刊的办刊宗旨是立足于中国旅游发展实践,紧跟国际旅游研究动向,"公开选稿,唯求质量",力求学术性、权威性和前瞻性,及时反映中国旅游学术研究的最新成果和旅游业实践的新问题,以推动中国旅游研究理论的现代化、研究内容的本土化、研究方法的规范化,为中国旅游学术研究和旅游业的发展提供借鉴与启示。

5.《旅游科学》

1981年创刊(双月刊),英文刊名 *Tourism Science*,由上海师范大学旅游学院主办。该刊始终保持着严谨的学术内涵和朴实的编辑风格,注重旅游理论与应用研究,反映学术动态,关注行业焦点。读者对象主要为高等院校、研究机构、旅游界的专业人士。

6.《旅游论坛》

1989年创刊(双月刊),英文刊名 *Tourism Forum*,由桂林旅游高等专科学校主办。该刊是旅游科学综合性学术刊物,主要面向旅游研究者与旅游业界人员。其宗旨是关注旅游发展动态,反映旅游学科研究前沿和热点,报道旅游最新科研成果,推广旅游发展新理论、新方法、新经验,为提高旅游从业人员业务水平和科研能力、促进旅游科学研究和旅游事业发展服务。

7.《旅游管理》

1982年创刊(月刊),英文刊名 *Tourism Management*,由中国人民大学书报资料中心主办。该刊突出理论性、学术性、系统性和实践性,从学科发展的视角探讨旅游界学术研究的前沿理论、热点问题,关注中国旅游业的宏观发展趋势,探讨旅游企业先进的经营管理经验,及时反映国外旅游学研究的新进展及各国旅游业发展的新态势。

该刊的读者定位为旅游学界的理论研究者、旅游企业的经营管理者及大专院校相关专业师生。

二、旅游管理学相关(学术)团体

在旅游管理领域中,大部分团体都兼具行业和学术双重身份,也就是既具有行业的特性,也具有学术的功能,因此了解这些团体的情况,对旅游管理学的学习者和旅游管理领域的研究者来说也是十分必要的。

1. 世界旅游组织(United Nations World Tourism Organization,UNWTO)

世界旅游组织是联合国的一个专门机构,总部设在西班牙马德里。世界旅游组织负责在世界范围内促进旅游业的发展,使旅游成为负责任的、可持续的和人人都可享受的活动。

作为旅游领域中的主导性国际组织,世界旅游组织倡导将旅游业作为经济增长、包容性发展和环境可持续发展的驱动力,并在世界范围内的旅游知识创新和旅游政策制定方面提供领导和支持。

世界旅游组织鼓励全世界的旅游组织执行《全球旅游伦理规范》,以最大限度地发挥旅游的社会经济贡献,并将旅游可能造成的负面影响降低到最低程度。世界旅游组织还致力于通过旅游业促进联合国千年发展目标的实现,旨在减少贫困、促进可持续发展。

世界旅游组织促进新知识的产生,推动制定具有竞争力和可持续性的旅游政策和手段,促进旅游教育和培训工作,并通过在世界各地100多个国家实施的技术援助项目,使旅游业成为有效的发展手段。

目前,世界旅游组织拥有156个成员(member states)、6个联系成员(associate members)和400多个附属成员(affiliate members),附属成员包括私营部门、公立教育机构、旅游协会和地方旅游管理部门等。

世界旅游组织出版的主要刊物包括《世界旅游组织消息》《旅游发展报告(政策与趋势)》《旅游统计年鉴》《旅游统计手册》和《旅游及旅游动态》。世界旅游组织还提供一个免费的在线电子数据库(e-unwto)。这是一个可以交叉查询、互动式的电子数据库,可以检索到世界旅游组织不同语种的图书、期刊、数据等高质量的电子出版物。除了1100余种图书之外,在这个数据库中还可以检索到数量可观的所谓"灰色文献",即那些介于正式发行的白色文献和不公开出版并深具隐秘性的黑色文献之间的文献。

2. 太平洋亚洲旅游协会(Pacific Asia Travel Association,PATA)

太平洋亚洲旅游协会1951年成立于美国夏威夷的檀香山,总部设在美国旧金山。其宗旨是将该地区的政府部门、航空公司、轮船公司、酒店经营商、旅游经营商、旅行代理商等旅游相关组织联系在一起,共同促进亚太地区的旅游发展。现在,太平洋亚洲旅游协会已经成为亚太地区旅游的全球领导者,通过推广可持续旅游的成功经验,积极推动亚太地区旅行及旅游业的发展。借助与官方及民间旅游机构的伙伴关系,太平洋亚洲旅游协会不断推动亚太地区旅行与旅游业的可持续增长、价值和品质的提升。其成员包括来自全球的2000多个组织,它们互相交换观点,寻求解决问题的方案,参与讨论亚太地区面向未来的旅游规划。

太平洋亚洲旅游协会是一个重要信息来源,为其成员提供准确、及时的信息,包括市场营销、旅游发展、旅游教育、可持续发展等方面的信息。

3. 亚太旅游协会(Asia Pacific Tourism Association,APTA)

亚太旅游协会成立于1995年,总部位于韩国釜山的东亚大学。该协会目前已经发展成为在亚太地区旅游学术界和旅游企业界享有盛名的一个主要学术平台。其宗旨是推动旅游学术界和企业界在亚太地区开展高质量的旅游实证研究,与学术界和企业界共同分享研究成果,相互交流学术观点。

亚太旅游协会每年举办一次年会,还主办一份英文版学术期刊《亚太旅游研究》(Asia Pacific Journal of Tourism Research),每年出版4期。该协会以年会和学术期刊为媒介,将其高质量的研究成果推向世界。

第九章 旅游管理学经典文献、重要期刊与学术组织

4. 国际目的地营销协会（Destination Marketing Association International，DMAI）

世界各国的旅游目的地都设有旅游目的地管理机构，并设有与政府旅游管理机构合为一体的或相对独立运作的旅游目的地营销组织（Destination Marketing Organization，DMO）。国际目的地营销协会（DMAI）是全球目的地营销组织的国际性协会，总部设在美国华盛顿。其宗旨是加强全世界旅游目的地营销组织的专业性、效能和形象。

国际目的地营销协会成立于1914年，当时称为国际会展协会（International Association of Convention Bureau，IACB），旨在从会展和旅游的询价和服务方面推动专业行为的健康发展；1975年改名为国际会展和旅游协会（International Association of Convention and Visitors Bureau，IACVB），以显示旅游消费者的重要性。2005年8月，该协会第二次改名，成为国际目的地营销协会。目前，国际目的地营销协会的成员包括来自30多个国家和地区的650多个目的地营销组织（DMO）。

为了更好地为其成员提供宝贵的资源和教育机会，该协会还创立了目的地和旅游基金会（Destination & Travel Foundation），其使命是通过研究、教育、扩大视野、开发资源及合作等手段，强化协会工作和目的地管理的专业性。该基金吸引业界领袖和各个领域的专家参与具有创新性的战略研究，以应对在全球不断变化的商业环境中出现的各种问题。

5. 中国旅游协会旅游教育分会（China Tourism Education Association，CTEA）

中国旅游协会旅游教育分会于2003年开始进行筹备，于2008年9月正式成立。该分会聚集了全国知名度高、影响力大、引领旅游学科建设的重点旅游教育机构，目前会员数已接近600家。

中国旅游协会旅游教育分会以旅游教学科研为中心，人才培养为目标，积极发挥桥梁和纽带作用，努力搭建多种交流平台，促进旅游教育改革

发展。该分会成立以来已经成功举办了六届全国旅游院校服务技能大赛,出版了两册《中国旅游教育年度报告》。2012年,旅游教育分会与中国旅游景区协会、中国旅游饭店业协会和中国旅行社协会联合发布了《旅游类专业学生实习指引》。该分会支持协助不同类型、不同层次的会员单位组织专题性、区域性的研讨会、交流会,在分会的支持指导下先后成立了中国旅游培训机构协作联盟、中国会展教育联合会以及世界遗产地旅游院校协作联盟。

该分会力图通过深入的旅游及其教育的研究工作,改革现行的旅游教育体系、旅游教育方法,努力推动旅游教育人才培养,推动旅游教育的创新性发展,搭建旅游教育国际化平台,推动旅游教育国际化进程,为建设旅游强国提供合格人才。

附录　世界主要旅游管理学学术期刊

序号	刊物名称	创刊年份	编辑部所在地
1	Journal of Travel Research	1962	美国
2	Annals of Tourism Research	1973	美国
3	Tourism Recreation Research	1976	印度
4	Journal of Hospitality & Tourism Research	1976	美国
5	Tourism Management	1980	新西兰
6	Journal of Hospitality and Tourism Education	1989	美国
7	Anarolia	1990	土耳其
8	Journal of Travel and Tourism Marketing	1992	中国香港
9	Event Management	1993	美国
10	Journal of Hospitality and Tourism Management	1993	澳大利亚

（续表）

序号	刊物名称	创刊年份	编辑部所在地
11	Journal of Sustainable Tourism	1993	英国
12	Journal of Vacation Marketing	1994	澳大利亚
13	International Journal of Tourism Research	1995	英国
14	Tourism Economics	1995	英国
15	Asia Pacific Journal of Tourism Research	1996	中国香港
16	Journal of Sport & Tourism	1996	英国
17	Tourism	1996	克罗地亚
18	Tourism Analysis	1996	美国
19	International Journal of Hospitality and Tourism Administration	1997	美国
20	Studies in Travel Writing	1997	英国
21	Tourism Review International	1997	美国
22	Current Issues in Tourism	1998	新西兰
23	Information Technology and Tourism	1998	美国
24	Journal of Convention & Event Tourism	1998	美国
25	Tourism Culture and Communication	1998	澳大利亚
26	Tourism Geographies	1999	美国

(续表)

序号	刊物名称	创刊年份	编辑部所在地
27	Journal of Quality Assurance in Hospitality & Tourism	2000	美国
28	Journal of Teaching in Travel & Tourism	2001	中国香港
29	Journal of Travel and Tourism Research	2001	土耳其
30	Scandinavian Journal of Hospitality and Tourism	2001	挪威
31	Tourism and Hospitality Research	2001	英国
32	Tourist Studies	2001	澳大利亚/英国
33	Journal of Ecotourism	2002	加拿大
34	Journal of Hospitality, Leisure, Sport & Tourism Education	2002	英国
35	eReview of Tourism Research（电子刊物）	2003	美国/加拿大
36	Journal of Tourism and Cultural Change	2003	英国
37	Tourism and Hospitality Planning & Development	2004	英国
38	Tourism in Marine Environments	2004	新西兰
39	Journal of China Tourism Research	2005	中国香港
40	Journal of Heritage Tourism	2006	美国
41	Tourismos: An International Multidisciplinary Journal of Tourism	2006	希腊
42	International Journal of Culture, Tourism and Hospitality Research	2007	美国

(续表)

序号	刊物名称	创刊年份	编辑部所在地
43	International Journal of Tourism Policy	2007	希腊/英国
44	Journal of Tourism Consumption and Practice	2008	英国
45	European Journal of Tourism Research	2009	保加利亚
46	ARA Journal of Tourism Research	2009	多米尼加
47	International Journal of Hospitality Knowledge Management	2009	英国
48	Journal of Tourism History	2009	英国

资料来源：Weaver, D., Lawton, L. (2010). *Tourism Management* (4th ed.). Milton, Australia: John Wiley & Sons Australia, pp. 359-362,略有改动。

参考文献

中文参考文献

1. 〔英〕C.威廉姆斯,J.巴斯韦尔.旅游与休闲业服务质量管理.戴斌,依绍华,译.天津:南开大学出版社,2004.

2. 〔加〕戴维·A.芬内尔.生态旅游.张凌云,译.北京:旅游教育出版社,2004.

3. 〔澳〕戴维·韦弗.生态旅游.杨桂华,王跃华,肖朝霞,译.天津:南开大学出版社,2004.

4. 陈实.旅游管理前沿专题.北京:中国经济出版社,2013.

5. 李昕.旅游管理学(第三版).北京:中国旅游出版社,2012.

6. 龚锐.旅游人类学教程.北京:旅游教育出版社,2011.

7. 马勇,周霄.旅游学概论.旅游教育出版社,2004.

8. 谢彦君.基础旅游学(第三版).北京:中国旅游出版社,2011.

9. 〔英〕约翰·斯沃布鲁克,苏珊·霍纳.旅游消费者行为学.俞慧君,张鸥,漆小艳,译.北京:电子工业出版社,2004.

10. 张广瑞.生态旅游:理论辨析与案例研究.北京:社会科学文献出版社,2004.

英文参考文献

1. Allen, J., O'Toole, W., Harris, R., McDonnell, I. (2011). *Festival &*

Special Event Management (5th ed.). Milton, Australia: John Wiley & Sons Australia, Ltd.

2. Baloglu, S., Uysal, M. (1996). Market Segments of Push and Pull Motivations: A Canonical Correlation Approach. *International Journal of Contemporary Hospitality Management*, 8(3), 32-38.

3. Bowie, D., Buttle, F. (2004). *Hospitality Marketing: An Introduction*. Burlington, MA, USA: Elsevier Butterworth-Heinemann.

4. Butler, R. W. (1980). The Concept of Tourist Area Cycle of Evolution: Implications for Management of Resources. *The Canadian Geographer* 24(1), 5-12.

5. Clark, R. N., Stankey, G. H. (1979). *The Recreation Opportunity Spectrum: A Framework for Planning Management and Research* (Gen. Tech. Report PNW-98). Portland, OR, USA: USDA Forest Service.

6. Cohen, E. (1979). A Phenomenology of Tourist Experiences. *Sociology*. 13(2), 179-201.

7. Cook, R. A., Yale, L. Z., Marqua, J. J. (2010). *Tourism: The Business of Travel* (4th ed.). Upper Saddle River, NJ, USA: Prentice Hall.

8. Cooper, C. (2012). *Essentials of Tourism*. Harlow, UK: Pearson Education Limited.

9. Cooper, C., Fletcher, J., Fyall, A., Gilbert, D., Wanhill, S. (2008). *Tourism: Principles and Practice* (4th ed.). Harlow, Essex, England: Pearson Education Limited.

10. Dann, G. (1977). Anomie, Ego-enhancement and Tourism. *Annals of Tourism Research*, 4(4), 184-194.

11. Fennell, D. A. (2002). *Ecotourism Programme Planning*. Wallingford, UK: CAB International.

12. Getz, D. (1986). Models in Tourism Planning. *Tourism Management*, 7(1), 21-32.

13. Getz, D. (2005). *Event Management and Event Tourism* (2nd ed.). New

York, USA: Cognizant Communication Corporation.

14. Goeldner, C., Ritchie, J. (2012). *Tourism: Principles, Practices, Philosophies* (12th ed.). Hoboken, NJ, USA: John Wiley & Sons, Inc.

15. Goldblatt, J. (1990). *Special Events*. New York, USA: Wiley.

16. Graefe, A., Kuss, F. R., Vaske, J. J. (1990). *Visitor Impact Management: The Planning Framework*. Washington, DC, USA: National Parks and Conservation Association.

17. Hall, C. M. (2003). *Introduction to Tourism: Dimensions and Issues* (4th ed.). Frenchs Forest, Australia: Pearson Education Australia.

18. Hall, C. M., Page, S. (2010). The Contribution of Neil Leiper to Tourism Studies. *Current Issues in Tourism*, 13 (4), 299-309.

19. Hunter, C. (1997). Sustainable Tourism as an Adaptive Paradigm. *Annals of Tourism Research*, 24(4), 850-867.

20. Jennings, G. (2010). *Tourism Research* (2nd ed.). Sydney, Australia: John Wiley & Sons Australia.

21. Leiper, N. (2004). *Tourism Management* (3rd ed.). Frenchs Forest, Australia: Pearson Education Australia.

22. Lengkeek, J. (2001). Leisure Experience and Imagination: Rethinking Cohen's Modes of Tourist Experience. *International Sociology*. 16 (2), 173-184.

23. Lindberg, K. (1991). *Policies for Maximising Nature Tourism's Ecological and Economic Benefits*. Washington, DC, USA: World Resources Institute.

24. Lumsdon, L. (1997). *Tourism Marketing*. London, UK: International Thomson Business Press.

25. MacCannell, D. (1976). *The Tourist: A New Theory of the Leisure Class*. New York: Schocken Books.

26. Manning, R. E. (1999). *Studies in Outdoor Recreation: Search and Research for Satisfaction* (2nd ed.). Corvallis, OR, USA: Oregon State University Press.

27. Mason, P. (2008). *Tourism Impacts, Planning and Management* (2nd ed.).

New York, USA: Routledge.

28. Middleton, V., Fyall, A., Morgan, M. (2009). *Marketing in Travel and Tourism* (4th ed.). Oxford, UK: Butterworth-Heinemann.

29. Muller, H. (1994). The Thorny Path to Sustainable Tourism Development. *Journal of Sustainable Tourism*. 2 (2), 131-136.

30. National Park Service. (1997). *The Visitor Experience and Resource Protection (VERP) Framework: A Handbook for Planners and Managers*. Washington, DC, USA: National Park Service.

31. Neuhofer, B., Buhalis, D., Ladkin, A. (2012). Conceptualising Technology Enhanced Destination Experiences. *Journal of Destination Marketing & Management*. 1 (2012), 36-46.

32. Neuman, W. L. (2000). *Social Research Methods: Qualitative and Quantitative Approaches* (4th ed.). Boston, MA, USA: Allyn and Bacon.

33. Novelli, M. (2011). *Niche Tourism*. New York, USA: Routledge Taylor & Francis Group.

34. Page, S. J., Connell, J. (2009). *Tourism: A Modern Synthesis* (3rd ed.). Hampshire, UK: Cengage Learning EMEA.

35. Poon, A. (1993). *Tourism, Technology and Competitive Strategies*. Oxford, UK: CAB International.

36. Robinson, P., Heitmann, S., Dieke, P. (2011). *Research Themes for Tourism*. Oxfordshire, UK: CABI.

37. Stankey, G. H., Cole, D. N., Lucas, R. C., Peterson, M. E., Frissell, S. S. (1985). *The Limits of Acceptable Change (LAC) System for Wilderness Planning*. Odgen, UT, USA: USDA Forest Service.

38. Stebbins, R. A. (1997). Casual Leisure: A Conceptual Statement. *Leisure Studies*, 16(1), 17-25.

39. Stebbins, R. A. (2007). *Serious Leisure: A Perspective for Our Time*. New Brunswick, NJ: Transaction Publishers.

40. Swarbrooke, J. (2002). *The Development and Management of Visitor Attractions* (2nd ed.). Oxford, UK: Butterworth-Heinemann.

41. Timothy, D. J., Boyd, S. W. (2003). *Heritage Tourism*. London, UK: Pearson Education.

42. Towner, J. (1996). *An Historical Geography of Recreation and Tourism in the Western World 1540-1940*. Chichester, UK: John Wiley.

43. United Nations World Tourism Organization (1995). *Concepts, Definitions, and Classifications for Tourism Statistics*. Madrid, Spain: UNWTO.

44. United Nations World Tourism Organization (2004). *Indicators of Sustainable Tourism Development*. Madrid, Spain: UNWTO.

45. United Nations World Tourism Organization (2004). *Indicators of Sustainable Development for Tourism Destinations: A Guidebook*. Madrid, Spain: UNWTO.

46. United Nations World Tourism Organization (2005). *Making Tourism More Sustainable: A Guide for Policy Makers*. Madrid, Spain: UNWTO.

47. Urry, J. (1990). *The Tourist Gaze: Leisure and Travel in Contemporary Societies*. London, UK: Sage.

48. Urry, J. (1995). *Consuming Places*. London, UK: Routledge.

49. Urry, J. (2002). *The Tourist Gaze: Leisure and Travel in Contemporary Societies* (2nd ed.). London, UK: Sage.

50. Veal, A. J. (2006). *Research Methods for Leisure and Tourism: A Practical Guide* (3rd ed.). London, UK: Pearson Education Limited.

51. Wang, N. (1999). Rethinking Authenticity in Tourism Experience. *Annals of Tourism Research*, 26(2), 349-370.

52. Wearing, S. (2001). *Volunteer Tourism: Experiences that Make a Difference*. New York, USA: CABI Publishing.

53. Weaver, D. (2008). *Ecotourism* (2nd ed.). Milton, Australia: John Wiley & Sons Australia, Ltd.

54. Weaver, D. (2013). *Sustainable Tourism*. New York, USA: Routledge Taylor

& Francis Group.

55. Weaver, D., Lawton, L. (2010). *Tourism Management* (4th ed.). Milton, Australia: John Wiley & Sons Australia, Ltd.

56. Weaver, D., Lawton, L. (2014). *Tourism Management* (5th ed.)). Milton, Australia: John Wiley & Sons Australia, Ltd.

57. Williams, S. (2009). *Tourism Geography: A New Synthesis* (2nd ed.). London, UK: Routledge.

北京大学出版社教育出版中心

部分重点图书

一、北大高等教育文库·大学之道丛书

大学的理念	[英]亨利·纽曼
德国古典大学观及其对中国的影响（第三版）	陈洪捷
哈佛，谁说了算	[美]理查德·布瑞德利
美国大学之魂（第二版）	[美]乔治·M.马斯登
大学理念重审：与纽曼对话	[美]雅罗斯拉夫·帕利坎
什么是博雅教育	[美]布鲁斯·金博尔
美国文理学院的兴衰——凯尼恩学院纪实	[美]P.E.克鲁格
营利性大学的崛起	[美]理查德·鲁克
学术部落及其领地：当代学术界生态揭秘（第二版）	[英]托尼·比彻等
大学如何应对市场化压力	[美]埃里克·古尔德
美国现代大学的崛起（第二版）	[美]劳伦斯·维赛
大学的逻辑（第三版）	张维迎
我的科大十年（续集）	孔宪铎
教育的终结——大学何以放弃了对人生意义的追求	[美]安东尼·克龙曼
哈佛通识教育红皮书	[美]哈佛委员会
知识社会中的大学	[美]杰勒德·德兰迪
高等教育理念	[美]罗纳德·巴尼特
美国大学时代的学术自由	[美]罗杰·盖格
高等教育何以为"高"——牛津导师制教学反思	[英]大卫·帕尔菲曼
美国高等教育通史	[美]亚瑟·科恩
现代大学及其图新	[英]谢尔顿·罗斯布莱特
印度理工学院的精英们	[印度]桑迪潘·德布
麻省理工学院如何追求卓越	[美]查尔斯·韦斯特
后现代大学来临	[英]安东尼·史密斯 弗兰克·韦伯斯特
高等教育的未来	[美]弗兰克·纽曼
学术资本主义	[美]希拉·斯劳特等
美国公立大学的未来	[美]詹姆斯·杜德斯达等
21世纪的大学	[美]詹姆斯·杜德斯达
理性捍卫大学	眭依凡
美国高等教育质量认证与评估	[美]美国中部州高等教育委员会
大学之用（第五版）	[美]克拉克·克尔
废墟中的大学	[加拿大]比尔·雷丁斯
高等教育市场化的底线	[美]大卫·L.科伯

| 世界一流大学的管理之道——大学管理决策与高等教育研究 | 程星 |
| 美国的大学治理 | [美]罗纳德·G.艾伦伯格 |

二、21世纪高校教师职业发展读本

教授是怎样炼成的	[美]唐纳德·吴尔夫
给大学新教员的建议（第二版）	[美]罗伯特·博伊斯
学术界的生存智慧（第二版）	[美]约翰·达利等
如何成为卓越的大学教师（第二版）	[美]肯·贝恩
给研究生导师的建议	[英]萨拉·德兰蒙特等
如何提高学生学习质量	[英]迈克尔·普洛瑟等

三、北大高等教育文库·学术规范与研究方法丛书

如何成为优秀的研究生（英文影印版）	[美]戴尔·F.布鲁姆等
如何撰写与发表社会科学论文：国际刊物指南（第二版）	蔡今中
给研究生的学术建议	[英]戈登·鲁格
	玛丽安·彼得
社会科学研究的基本规则（第四版）	[英]朱迪思·贝尔
如何查找文献（第二版）	[英]莎莉·拉姆奇
如何写好科研项目申请书	[美]安德鲁·弗里德兰德
	卡罗尔·弗尔特
高等教育研究：进展与方法	[美]马尔科姆·泰特
教育研究方法：实用指南（第二版）	[美]乔伊斯·P.高尔等
如何进行跨学科研究	[美]艾伦·瑞普克
社会科学研究方法100问	[美]尼尔·萨尔金德
如何利用互联网做研究	[爱尔兰]尼奥·欧·杜恰泰
如何成为学术论文写作高手	[美]史蒂夫·华莱士
——针对华人作者的18周技能强化训练	
参加国际学术会议必须要做的那些事	[美]史蒂夫·华莱士
——给华人作者的特别忠告	
做好社会研究的10个关键	[英]马丁·丹斯考姆
法律实证研究方法（第二版）	白建军
传播学定性研究方法（第二版）	李琨
生命科学论文写作指南	[加拿大]白青云
学位论文写作与学术规范	肖东发 李武

四、北大开放教育文丛

西方的四种文化	[美]约翰·W.奥马利
人文主义教育经典文选	[美]G.W.凯林道夫
教育究竟是什么？——100位思想家论教育	[英]乔伊·帕尔默
教育：让人成为人——西方大思想家论人文和科学教育	杨自伍
我们教育制度的未来	[德]尼采
透视澳大利亚教育	[澳]耿华
道尔顿教育计划（修订本）	[美]海伦·帕克赫斯特

五、科学元典丛书

天体运行论	［波兰］哥白尼
关于托勒密和哥白尼两大世界体系的对话	［意］伽利略
心血运动论	［英］威廉·哈维
薛定谔讲演录	［奥地利］薛定谔
自然哲学之数学原理	［英］牛顿
牛顿光学	［英］牛顿
惠更斯光论（附《惠更斯评传》）	［荷兰］惠更斯
怀疑的化学家	［英］波义耳
化学哲学新体系	［英］道尔顿
控制论	［美］维纳
海陆的起源	［德］魏格纳
物种起源（增订版）	［英］达尔文
热的解析理论	［法］傅立叶
化学基础论	［法］拉瓦锡
笛卡儿几何	［法］笛卡儿
狭义与广义相对论浅说	［美］爱因斯坦
人类在自然界的位置（全译本）	［英］赫胥黎
基因论	［美］摩尔根
进化论与伦理学（全译本）（附《天演论》）	［英］赫胥黎
从存在到演化	［比利时］普里戈金
地质学原理	［英］莱伊尔
人类的由来及性选择	［英］达尔文
希尔伯特几何基础	［俄］希尔伯特
人类和动物的表情	［英］达尔文
条件反射：动物高级神经活动	［俄］巴甫洛夫
电磁通论	［英］麦克斯韦
居里夫人文选	［法］玛丽·居里
计算机与人脑	［美］冯·诺伊曼
人有人的用处——控制论与社会	［美］维纳
李比希文选	［德］李比希
世界的和谐	［德］开普勒
遗传学经典文选	［奥地利］孟德尔等
德布罗意文选	［法］德布罗意
行为主义	［美］华生
人类与动物心理学讲义	［德］冯特
心理学原理	［美］詹姆斯
大脑两半球机能讲义	［俄］巴甫洛夫
相对论的意义	［美］爱因斯坦
关于两门新科学的对谈	［意大利］伽利略
玻尔讲演录	［丹麦］玻尔
动物和植物在家养下的变异	［英］达尔文

攀援植物的运动和习性	[英]达尔文
食虫植物	[英]达尔文
宇宙发展史概论	[德]康德
兰科植物的受精	[英]达尔文
星云世界	[美]哈勃
费米讲演录	[美]费米
宇宙体系	[英]牛顿
对称	[德]外尔
植物的运动本领	[英]达尔文
博弈论与经济行为（60周年纪念版）	[美]冯·诺伊曼　摩根斯坦
生命是什么（附《我的世界观》）	[奥地利]薛定谔
同种植物的不同花型	[英]达尔文
生命的奇迹	[德]海克尔

六、其他好书

苏格拉底之道：向史上最伟大的导师学习	[美]罗纳德·格罗斯
大学章程（精装本五卷七册）	张国有
未来的学校：变革的目标与路径	[英]路易斯·斯托尔等
教学的魅力：北大名师谈教学（第一辑）	郭九苓
科研道德：倡导负责行为	美国医学科学院、美国科学三院国家科研委员会
国立西南联合大学校史（修订版）	西南联合大学北京校友会
我读天下无字书（增订版）	丁学良
大学与学术	韩水法
科学的旅程（珍藏版）	[美]雷·斯潘根贝格 [美]黛安娜·莫泽
科学与中国（套装）	白春礼等
如何成为卓越的大学生	[美]肯·贝恩
世界上最美最美的图书馆	[法]博塞等
中国社会科学离科学有多远	乔晓春
道德机器：如何让机器人明辨是非	[美]瓦拉赫等
彩绘唐诗画谱	（明）黄凤池
彩绘宋词画谱	（明）汪氏
如何临摹历代名家山水画	刘松岩
芥子园画谱临摹技法	刘松岩
南画十六家技法详解	刘松岩
明清文人山水画小品临习步骤详解	刘松岩
西方博物学文化	刘华杰
物理学之美（彩图珍藏版）	杨建邺
杜威思想在中国	张斌贤　刘云杉

大学 学科地图 丛书

经济学与管理学系列

A GUIDEBOOK FOR STUDENTS

旅游管理学
学科地图

李昕 著

北京大学出版社
PEKING UNIVERSITY PRESS